22歳からの社会人になる教室 3

齋藤孝が読む

カーネギー『話し方入門』

HOW TO DEVELOP SELF-CONFIDENCE AND INFLUENCE PEOPLE BY PUBLIC SPEAKING

齋藤　孝

JN194745

創元社

はじめに

この本はデール・カーネギーの『カーネギー話し方入門』という本を、日本の主に22歳からの若い読者に合わせて再編したものです。カーネギーが生きていた100年前と現代とはビジネスをめぐる環境もかなり違います。そこで、私が日本の現状に合わせて実例などもつけ加えた内容になっています。

デール・カーネギーはもともと話し方教室の先生としてキャリアを成功させた人です。話し方を工夫すると、人に気持ちが伝わって人間関係やビジネスもうまくいきます。その方法を教室で教えているうちに、受講生のさまざまな経験や自分自身の知識も積み重なっていきました。

それらをまとめたものが、大ベストセラーとなった『人を動かす』と『道は開ける』という本です。『人を動かす』は人にどう影響力を与えるのかという本、『道は開ける』

は自身の悩みをどう解決するのかという本で、この2冊はセットで売られることも多く、世界中の人々に長く愛読されています。

『カーネギー話し方入門』はこれらに先立って、カーネギーの話し方講座でのテキストとしてつくられた本に改訂を加えたものです。いわばカーネギーの出発点でもある「話し方」の技術や考え方をまとめたものといえるでしょう。

いまの私たちの社会においても、話し方の比重はどんどん大きくなっています。かつての日本は寡黙《かもく》を美徳とする文化もあって、上手に話すことについてさほど重視されてきませんでした。しかしいまは自分の意見や気持ちをうまく言葉にして伝えるコミュニケーション能力が学力においてはもちろん、社会においても必要な能力になっています。

22歳になると、これから仕事に就《つ》く方も多いでしょう。その仕事で一番重要視されるのがコミュニケーション能力です。人事を担当している人に「どんな人が欲しいですか」と聞くと、必ず返ってくるのが「コミュニケーション力がある人」というフレーズです。いまやコミュニケーション力は現代社会を生き抜く必須の力といっていいでしょう。

コミュニケーション能力は「話すこと」と「聞くこと」から成り立っていますが、日本人がとくに苦手としているのは「話すこと」です。

たとえば自分が考えたアイデアを会議の席で発表するさいに、おどおどしてしまっては、せっかくのアイデアが伝わりません。自分の感情とぴったりした言葉がセレクトできないとか、人の視線がこわいとか、時間の使い方がうまくないとか、アイデアはいいものの肝心のエッセンスがうまく相手に伝わらないとか、相手の気持ちを動かすことができないなど、さまざまな悩みがあります。

私は話す能力を鍛《きた》える必要性を痛感しているので、大学1年生で入学したばかりの新入生に4月の授業から15秒ではっきり自分の意見を言う課題をやってもらっています。すると最初は人前でまともに話せなかった学生でも、練習するうちにどんどん話せるようになり、15秒が30秒に、1分にとのびていっても、意味がある話をきちんと話せるようになります。

「最初はもう心臓が飛び出しそうになりました」と語っていた恥ずかしがり屋の学生が、練習さえすれば「話すのに慣れてきて、いまでは大勢の人の前のほうが気持ちよく話せます」というくらいに上達するのです。

そのトレーニングメニューは私が実践のなかで培《つちか》ったものですが、『カーネギー話し方入門』を読むと、私の方法とつながる部分がとても多く、最初にこれを読んでおけばよかった、と思うほどです。

カーネギーのこの本は具体的なアドバイスに満ちあふれています。書かれているアドバイスをひとつでもマスターできると、次々とステップアップできます。

22歳になっても、自分の意見をはっきり言えないようでは大人として恥ずかしいと思いましょう。これが高校生であれば「えーと、あのー」ともじもじしていても、「まあ高校生だからね」と思ってもらえますが、22歳にもなって「えーと、えーと」と言っているようだと、「もう大人なんだし」「幼い奴《やっ》だな」と見られてもしかたありません。上司や先輩は「『えーと』をやめなさい」という細かいところまで指導はしてくれませんので、自分で気をつけて、練習していくしかないのです。

この本のアドバイスは、やれば必ず効果があることが書かれていますので、それを22歳の段階でやっておいて、話し方をマスターしておくのが大事です。

人の器《うつわ》は25歳までにできあがるとも言われています。大学に行った場合、卒業して

3年目ぐらいまでに幅を広げて、柔軟な成長の基盤をつくっておけば、一生の財産になるでしょう。22歳のフレッシュなときに「話し方」という観点から、自分自身の社会性を見直し、20代のうちに話し方に習熟すると、将来の可能性が広がります。

人前で臆《おく》さずに話ができたり、地位の高い人と上手に話せる。あるいは会議で上手にプレゼンできて、企画が通れば、力を認めてもらいやすくなります。

人前で上手に話せる人は、頭の中が整理できている。そして他人のいまの心の動きがわかるということでもあります。つまり自分自身がこの空間を意味のある場所にできる人、そうした配慮ができる社会性がある人ということをあらわしています。

しかしそういう総合的な感性は練習しないと花開きません。話す場は自分自身の社会性や人間性、成熟度が問われるのだというふうに理解することです。そうすれば、「話し方」を積極的にトレーニングしようという気になるのではないでしょうか。『カーネギー話し方入門』に書かれているアドバイスを意識的に取り入れて、日々の生活の場をトレーニングとしてとらえてみてください。

なおこの本は20代の若い方向けに書きましたが、原著の『カーネギー話し方入門』はエグゼクティブも対象です。若い方ばかりでなく、30代、40代、50代の方も実践できる内容になっていますので、幅広い年齢層の方に読んでいただけるとうれしいです。

【もくじ】

はじめに……3
原著『カーネギー話し方入門』について……14
第一章
勇気と自信を養う
緊張したら「ま、いいか、殺されるわけじゃないし」とつぶやこう……16
◆話す快感を味わうには「勇気」と「自信」が必要……16
1 よい話し手になろうという一途な執念を持つことからはじめる／2 話そうとする内容を知り尽くす／3 あえて自信ありげにふるまう／4 一にも練習、二にも練習
第二章
自信は周到な準備から
アイデアは海面にあらわれたトビウオと同じ。メモという網でつかまえておこう……27
◆人を引きつけるには準備が必要……27

正しい準備の仕方／失敗しようのないスピーチ／準備とはいったい何か／エール大学神学部長の賢明な助言／リンカーンはどのように演説の準備をしたか／どうやってスピーチの準備をするか／余力の秘密

有名演説家はどのように準備したか

第三章
ポイントを3つにしぼり、着地点を決めて、メモなしで話せるようにしよう …… 41

◆スピーチは航海と同じ。海図が必要である …… 41

ある入賞スピーチの構成／コンウェル博士のスピーチ構成法／有名人のスピーチ構成法／一人でメモと遊ぶ／スピーチをする時にメモは必要か／丸暗記は駄目／言いたいことがあれば、言葉がわき出てくる／合間を見つけて練習せよ

第四章
記憶力を増進する

覚えたことは必ずアウトプットし、自分の経験を交えて人に話そう …… 61

◆印象づけ、反復、連想でしっかり記憶する …… 61

なぜ桜の木に気づかなかったのか／リンカーンが音読したわけ／マーク・トウェインのメモなしスピーチの秘訣／新約聖書ほど大部の書物を暗記するには／効果的な反復法／ウィリアム・ジェイムズ教授による記憶力増進の秘訣／スピーチの要点を覚えるには／万一、立ち往生した時

第五章 スピーチの成功に欠かせないもの

千日の稽古を鍛とし、万日の稽古を練とす ……75

◆途中であきらめずに続けることが大切 ……75

根気が肝心／ひたすら取り組む／努力は必ず報われる／成功している自分を想像せよ／勝利への意志

第六章 上手な話し方の秘訣

話し方のコツをつかみ練習すれば、誰でもスピーチの達人になれる ……85

◆肝心なのは、話す内容より話し方のほう ……85

「話の届け方」とは／上手な話し方の秘訣／自動車王フォードの助言／人前で話す技術その1／人前で話す技術その2／人前で話す技術その3／人前で話す技術その4

第七章

話し手の態度と人柄

「上機嫌Tシャツ」を着ていると思って、笑顔で話そう……111

◆自分が持っている人柄を最大限引き出す……111

聴衆を引きつける人と、引きつけない人の違い／服装が与える心理的影響／ここぞというときの服装を誤るな／話しはじめる前から、我々はすでに値踏みされている／聴衆を一カ所に固める／ポンド少佐、窓をたたき割る／光あれかし――汝の顔の上に／壇上には余計なものを置かないこと／来賓を壇上に上げない／落ち着くこと／役に立ちそうな提案

第八章

スピーチのはじめ方

〝笑いの神〟に見放されている人は〝誠実の神〟に頼ろう……128

◆最初の出だしは宣伝広告文のように……128

〝ユーモラスな話〟でスピーチをはじめるのは要注意／おわびの言葉ではじめてはいけない／好奇心をかき立てる／具体的な例を引いて話しはじめる／何か品物を見せる／何か質問する／聞き手の最大の関心事と結びつくように話を持っていく／ショッキングな事実は注意を引きつける力を持っている／一見何げない出だしの効用

第九章
スピーチの終わり方
3分以上話が続くと人はうんざりする。スピーチは簡潔に終わらせよう …… 143
◆終わりの言葉を2、3通り用意しておく …… 143
言おうとする要点をまとめる／行動を呼びかける／簡潔な、心からのほめ言葉／ユーモラスな終わり方／言葉の引用でしめくくる／足の爪先が地面に触れたら

第十章
わかりやすく話すには
子どもでもわかるよう、言葉は平易に。ビジュアルも駆使しよう …… 155
◆「何のために話すのか」という目的をはっきりさせる …… 155
たとえを用いて話をわかりやすくする／専門用語は避ける／視覚に訴える／大事なことは別の言葉で言い換える／一般的な例と具体的な例を使う／野生の山羊と張り合ってはいけない

第十一章
聴衆に興味を起こさせる方法
人は自分自身のことしか興味がないことを頭に入れて話そう …… 168
◆ありふれているものに意外性を見つける …… 168
人間がこの世で最も関心を持つ三つのこと／座談の名手になるには／二百万人の読者を獲得したアイデア／常に関心をとらえて離さないスピーチの題材／具体的に話すこと／絵を目の前に浮かび上がらせるような言葉／関心を引きつける〝対照の妙〟／興味は伝染する

第十二章
言葉遣いを改善する
語彙力がないと、子どもっぽいと見られてもしかたない …… 182
◆人が評価されるのは語彙力である …… 182
言葉の使い方についてのマーク・トウェインの秘訣／使い古された言いまわしを避ける

おわりに …… 188

原著『カーネギー話し方入門』について

原著の『カーネギー話し方入門』はデール・カーネギーにより書かれた『How to Develop Self-Confidence and Influence People by Public Speaking』を訳したものです。

著者のデール・カーネギーは一八八八年、アメリカのミズーリ州の農家に生まれました。父は農業を営み、母は教師という家庭環境で育ちましたが、家はあまり裕福ではありませんでした。

教師をめざして州立大学に進学。大学では弁論大会で優勝するなど、早くからスピーチの才能を発揮していたようです。

しかし大学卒業後は、通信教材や中古車のセールスなど職を転々とする苦しい生活を送りました。一時期は俳優をめざして、演劇学校に入学したこともあったのですが、これも挫折してしまいます。

転機となったのは一九一二年のことでした。ＹＭＣＡの夜間学校で話し方講座の講師の職を得たのです。もともと弁論大会で優勝するなど、スピーチに定評があったのに加え、教師志望だったこともあって、教え方もうまく、カーネギーの講座はたちまち人気となりました。カーネギーは話し方の先生という天職を得ることになったのです。

講師となって三年後の一九一五年、カーネギーは話し方の技術を記した『Art of Public Speaking』という初めての著書を共著で出版します。以後、改訂を加えながら、話し方の本を出版し続けます。これらは話し方講座でテキストとして使われており、ひじょうに実践的な内容が含まれている点が特徴となっています。

カーネギーの優れた教育方法は死後も受け継がれました。彼のスピーチに関する本は現在までに英語版で7種類が出版されています。原著はこれら7種類のうちの1冊で、スピーチの古典として世界中で読まれています。

この本は原著のタイトルがあらわしている通り、たんなる話し方の技術だけでなく、「いかに人に影響を与えていくか」という視点で書かれています。のちの名著『人を動かす』につながっていく、いわばカーネギーの原点ともいうべき一冊です。

第一章

勇気と自信を養う

緊張したら「ま、いいか、殺されるわけじゃないし」とつぶやこう

◆話す快感を味わうには「勇気」と「自信」が必要

社会に出たみなさんは、会議で発言したり、人前でプレゼンテーションする機会が増えるだろうと思います。また会合やパーティーの席でスピーチをしなければならないときもあるでしょう。

カーネギーはもともと話し方の先生としてキャリアをスタートしているので、「どうしたら人前で上手に話せますか?」という要望にずっと応《こた》え続けてきた人、といえましょう。**そのカーネギーが人前で話すときに一番大事なものとして考えているのが「勇**

気」と「自信」です。

勇気と自信があれば、ふだん筋道をたててちゃんと考えられる人が、人前に出たとたんそれができなくなってしまうことなどあり得ません。「それどころか、大勢の人を前にしたほうが頭がよく働くはずです。聴いてくれる人がいるということが、あなたを刺激し、あなたの気持ちを高揚《こうよう》させるのです」とカーネギーは言っています。

これはとても面白い言葉です。よく人前に立つと頭がまっ白になるという人がいます。この状態は緊張して頭が働いていない証拠です。でも本来は気分が高揚してふだんよりもっとしゃべれるようになるはずだ、とカーネギーは指摘するのです。

たしかに私も人前で話す機会が増えてくると、どんどん話したくなって、聴衆が増えれば増えるほど、頭が高速回転して止まらなくなってしまうことがあります。慣れてくると誰でもそうなるので、みなさんも安心して大丈夫です。

自転車と同じです。最初は転んだりして恐いし、ぎこちないのですが、乗れるようになると気持ちよくすいすい走れるようになります。

でも最初の1回でやめてしまっては、この快感が味わえません。カーネギーも世界中を旅行したり、世界の偉人に会ってインタビューをしましたが、**自分が聴衆を前に**

してスピーチで得られる満足感を上回るものはほかになかったと言っています。この快感を手にしない理由はありません。

人前で話す機会から逃げないで、勇気を持って、めげずに練習することです。そうすれば必ずそれが自信になって、話す満足感へとつながっていきます。

そのために必要な4つのポイントをカーネギーはあげています。

1 よい話し手になろうという一途な執念を持つことからはじめる

欧米ではスピーチの能力は、教養ある人なら必ず身につけているものだそうです。上手なスピーチは必ず人を動かすからです。巨額の富を得た大富豪でさえ、「私は大資本家であるよりも、大演説家でいたかった」と言ったそうです。

めげずに練習していれば、誰でもよい話し手に必ずなれるのですが、やる気がなくなって途中でやめてしまう人もいます。そうなると、永遠にスピーチは上達しません。

カーネギーは**「よい話し手になろうという一途《いちず》な執念を持つこと」が欠かせないと強調しています。要する真剣な決意です。**

古代ローマの将軍ジュリアス・シーザーが軍団を率いて現在のイングランドに上陸

したとき、勝利を確実なものにするため、驚くべき作戦に打って出ました。まずは兵士を上陸させて休ませたあと、自分たちが乗った船をすべて焼きつくしたのです。兵士たちは退却する手段を失ったわけです。退路を断たれた彼らにできることはただひとつ、前に進んで、敵に勝つことだけです。「何が何でも戦争に勝つのだ」。その一途な心が、シーザーの軍隊を勝利に導きました。

「よい話し手になりたい」という執念さえあれば、みなさんも必ずシーザーの軍隊のように勝利します。そして人の心を打つスピーチができるようになるでしょう。

2 話そうとする内容を知り尽くす

人前で話すために、何が大事かといえば、これから話そうとする内容についてちゃんとわかっていることです。知らないことについて話すのはかなり無理があります。

たとえば私に「電気の配線について話せ」と言われてもまったく無理です。

私は新婚時代、ステレオが家に届いたその日に、家電販売店の人が親切に「組み立ててましょうか」と言っているのに、「簡単だから」と断って、自分で組み立てようとしたことがあります。赤い線と黒い線をつないだら、いきなりボン！　と音がして、ステレオが壊れてしまいました。それ以来、私は家の中では「電気系統がまったくダメな男」の烙印《らくいん》を押され続けているわけです。

「その話題について、十分に考え、構想を練り、内容を熟知していない限り、人を前にして心の平静を保つことはできません」とカーネギーは言います。

スピーチするなら、その内容について自分が十分知っていることが重要です。とくに人があまり知らなくて、自分はよく知っているというテーマがあればベストです。

私は大学で教えていますが、あるとき、１００人くらい学生がいる前で、「誰か、みんなにためになるような知的で面白い話をしてくれませんか」とたずねたことがあります。するとひとりの学生が出てきて、日本語の音について話しはじめました。

その話は初めて聞く内容が多く、「5分で」と言ったのに、あまりに面白くて、みんなの「へえー」が止まらなくなったので、そのまま話を続けてもらいました。すると10分たっても、15分たっても面白くて、結局30分を超えても話が終わりません。

それぐらい、人が知らなくて、自分が知っていることだと堂々と話せます。ちなみにその学生は、いまはＴＢＳのアナウンサーになっている安住《あずみ》紳一郎さんです。彼は「あれが私の大学生活のハイライトでした」と懐かしそうに話してくれました。

こんなふうに**自分が知っていることや詳しいことから話せば、誰でも自信を持って話せます。**逆上《さかあ》がりができなかったのに、最後にできるようになったという苦労話であっても、最初から逆上がりができる人には話せない内容です。そう考えると誰にでもネタはある。むしろ失敗談が多い人のほうがスピーチ上手になれそうです。

3 あえて自信ありげにふるまう

話す前に緊張してしまう人は、まずは自信がありそうなふりをするといいと思います。すると自信がついた気がします。第26代アメリカ大統領のセオドア・ルーズヴェルトは、勇敢で自信たっぷりで、大胆不敵な様子が人々の信頼を集めていました。

しかし彼は、最初からそういう人物ではなかったのです。

少年時代、ルーズヴェルトは灰色熊や暴れ馬などあらゆるものに恐怖を抱いていました。しかし怖くないふりをするうちに、恐怖を克服できたというのです。人前でスピーチをするときも、わざと堂々とふるまっていると、自然とそうなってきます。

人前に出ているのに、もじもじしているのが一番恥ずかしい！　と心に刻んでおきましょう。

どうしてももじもじしてしまう人は、体全体が閉じてしまっています。ですから、**まずはその場で軽くジャンプして、体全体をほぐしておくといいでしょう。そして手を上にあげて、ぐっと伸びをするように胸を大きく開いておきます。その構えで人前に立つと、胸を張って堂々とした感じになります。**

胸が開くと、周りの顔もよく見えます。そのときは自分が将軍か女王様になった気持ちで、周囲を睥睨《へいげい》するのです。上から下を見下ろし、「おお、こんなにたくさんの人が私の話を聞こうとして待っているんだな」というぐらいの気持ちで迎え撃ちます。

そのとき重要なのは、呼吸です。緊張していると呼吸が浅くなって、雰囲気に飲み込まれてしまいます。

その状況から自分を引き離すには、まずは鼻から息を吸い、おなかも使って1回フーッと大きく息を吐きます。ひと呼吸すると、息が入れ替わって、パニック状況から回復できます。

それでもドキドキが止まらない人はもう一度フーッと息を吐いて「別に、まあ殺されるわけじゃないし」と自分に言い聞かせます。「恥をかいたって、どうということはない。ほかの人はチャレンジすらしていないじゃないか。チャレンジした人間のほうが偉いんだ」ぐらいの気持ちでいれば、あまりビビらないですむでしょう。

4 一にも練習、二にも練習

話し上手になりたかったら、とにかく練習することだ、とカーネギーは言っています。『精神の発達過程』という本を記したロビンソン教授によると、恐れは、無知と不安から生まれます。その言葉を受けて、カーネギーは「恐れは自信の欠如の結果である」こと、自信が欠如する原因は「自分の本当の力を知らないから」だと主張するのです。

これは本当だと思います。というのも、私は毎年4月に新入生を100人ほど教えるのですが、その人たちのほとんどは人前に出るとドキドキして、まともに話せる学生は少ない。

でも少し練習させると、全員が話せるようになります。これはもう例外はありません。そして人前で話してみて、「ああ、自分はけっこう話せるのだ」と初めてわかるのです。

どんな練習をすればいいのかというと、カーネギーはこう言っています。

「知識を持っている分野を選び、それを3分の話にまとめてみてください。一人で何回も何回も練習したあと、できれば、聞いてもらいたいと思うグループまたは何人かの友達を前に、全力を傾けてその労作《ろうさく》を披露《ひろう》してみてください」

これに私自身の経験をつけ加えさせていただくと、話す内容には3つのポイントを入れると上手に話せます。

まず話す内容を3つにしぼり、「私の話のポイントは3つあります。1何々…、2何々…、3何々…」と最初に話しておくのです。

あとはとにかく何回も練習すること。2020年東京オリンピックを招致したさいのプレゼンテーションは本当に練習につぐ練習だったそうです。その練習のたまものでオリンピックが招致できたといえるのでしょう。あのプレゼンも、ポイント3つで構成されていました。

何事も練習にまさるものはありません。みなさんも若いうち、20代で人前で話すことに慣れておくと30代、40代、50代になっても一生使える技《わざ》になります。

カーネギーのまとめ

1、多くの人が望んでいるのは、人前で自信と余裕を持って話ができるような力をつけたいということである。
2、動機さえあれば、そのような力をつけるのは難しくない。
3、一人の人と会話をしているときより、複数の人を前にしたほうが、もっとよく考えられ、うまく話せるものだ。
4、うまく話せない、という自分の悩みは特別ではない。名高い雄弁家でも最初はみな恐怖で立ちつくしていた。
5、話しはじめるときは緊張するが、数秒もすればそれは消え去るだろう。
6、人前で上手に話せるようになるために、次の4点を実行してほしい。

❶強く、持続的な願望を持ってはじめる。
❷準備は怠《おこた》りなく。
❸自信満々にふるまうこと。
❹練習を積むこと。成功体験を積めば、恐怖心は消える。

勇気と自信を養うポイント

●場数を踏めば踏むほどうまくなる。スピーチの機会から逃げないで。

●人前で話すときもじもじしているのが一番恥ずかしい、と肝《きも》に銘《めい》じよう。自信がなくても自信があるようにふるまうこと。

●緊張しているときはその場で軽くジャンプして、手を上にあげ、伸びをして胸を開く。

●深く呼吸して「ま、いいか、殺されるわけじゃないし」とつぶやこう。

●マニアックにこだわっている話や自分の失敗談は意外と面白いネタになる。

●家の人や友達を相手に、次のようなスピーチの練習をしてみよう。

❶聴き役にはストップウォッチを持って座ってもらい、自分は少し離れた場所に立つ。近くで座って話すのだとただの会話になってしまうので、離れて立つのが大事。

❷「よーい、スタート」でスピーチを開始し、残り15秒で合図をしてもらう。

❸合図があったら話をまとめて3分で終了という練習を何度もくり返す。すると、きっちり3分で話ができるようになる。

第二章

自信は周到な準備から
アイデアは海面にあらわれたトビウオと同じ。メモという網でつかまえておこう

◆人を引きつけるには準備が必要

カーネギーは毎年６０００人ものスピーチを聞き、批評してきたそうです。その経験から言えるのは、**話し手に「言わずにはいられない何か」があって、「伝えるための準備」がきちんとされていると、強く聴衆の心を引きつける**、ということです。

アメリカの第16代大統領リンカーンもこう言っています。「言うべき内容が何もないのに、恥ずかしげもなく人前で話すほど老いぼれてたまるものか、といつも私は自戒《じかい》している」

言いたいことを伝えるためにも準備は必要です。カーネギーは「準備が半分しかできていないよりは、衣服を半分しか身につけていないほうが、まだましだ」というウエブスターの言葉を引用しているほどです。

この章では話す準備について述べていきます。

正しい準備の仕方
――準備とは知識を集めることではない

準備といっても、本を読んだり、文献を調べて知識を集めることではありません。カーネギーは受講生のひとりが行ったスピーチの準備について例をあげています。

その話し手は時間がなかったので、経済誌『フォーブス』から目についた記事をピックアップし、授業でスピーチしました。しかしその結果は散々でした。

そこでカーネギーは、その記事を読んで「誰かが言ったことではなく、あなたが一個人として何を思っているかを話してください。スピーチの中に、もっと自分自身を注ぎ込むのです」とアドバイスします。

受講生はもう一度その記事を読み、内容に同意できない部分について、彼独自の意見とアイデアを盛り込んだスピーチをしてみたのです。

同じ人が、同じテーマで話したにもかかわらず、今度のスピーチは大絶賛されました。**テーマについて十分考え、自分の考えを準備することで、同じスピーチがまったく別のものに変わったのです。**

失敗しようのないスピーチ
――ほとばしるような生の体験を語る

要は自分の考え、思いを伝えればいいのです。その思いが強ければ強いほど、言葉は自然にあふれ出てきます。まるで「噴火するベスビオ火山のように噴き上がりほとばしる」思いがあれば、もう「誰がやっても成功します。失敗のしようがないのです」とカーネギーは言います。なぜなら「生《なま》の体験と、感じたことを語る」だけなのですから。

ベスビオ火山はイタリアのポンペイの町を溶岩で埋めつくしてしまった火山です。溶岩が噴き出すように、内側からあふれる思いがあれば大丈夫でしょう。みなさんも人前で話すときにドキドキしたら、胸からエネルギーが火山のように噴き出してあふれ出ているのをイメージしてください。

「自分は火山だ」「言いたいことがあふれ出ている」と自分に言い聞かせていくと、実際にあふれ出てきます。**人前に立つには、人の視線をはね返すだけの輝きが必要です。その輝きは才能によってではなく、言いたいことがあふれ出ていることによって生まれるのです。**

準備とはいったい何か
――経験の中から思い出せば何か見つかる

内側からあふれ出すようなことなどあるのだろうか、と思った人は、いままであった出来事を思い出してください。たとえば友人の結婚式でスピーチを頼まれたら、「長いつきあいの中で何があったかな?」と思い出すのです。

もちろんそういう場では、いい思い出を選ばないといけません。笑いを取ろうとして、「新郎はとんでもない奴でして」と過去のヤンチャ話を持ち出し、両家の親族がシーンとしてしまった光景を目撃したことがあります。こういうのは〝やらかしてしまった〟スピーチです。そうではなくて、**〝いい話〟を、自分の生の体験から、熱く語ると失敗がありません。**

ちなみに結婚式やお祝いの席でのスピーチは3分が限度でしょう。本来は1分が人ががまんできる時間です。だいたい30秒で飽きはじめ、1分になると、明らかに疲れてきます。2分、3分になると「長いな」と思いますので、内面からあふれ出てきて、ノリがいい場合でも「ああ、もう1分ですか。すみません。では途中ですが、ここで終わります」ぐらいがちょうどいいと思いましょう。

エール大学神学部長の賢明な助言
——考えたことはすべてメモに書き留めよう

スピーチのネタは、ふだんからメモしておくといいでしょう。「これについて話そう」「これも話しておきたい」と気づいたときに書きつけておくと、芋づる式にどんどん思い出して、5個、10個はすぐたまってしまいます。

私も、テレビを見て大坂なおみ選手のコメントが面白いとか、イチローさんのコメントが秀逸だと思ったときは、忘れないうちに毎日持っている手帳に書きつけます。手帳ではなくて、付箋《ふせん》に書いてノートに貼っておいてもいいし、スマートフォンのメモ帳に書き入れておくのでもいいと思います。

カーネギーはエール大学の神学部長ブラウン博士の助言を紹介しています。博士は

30年以上、毎週講義を準備し、かつ説教の準備と実践に関する教育も行ってきたスピーチのプロ中のプロです。その人のアドバイスも、必ずメモを取るということでした。博士のアドバイスはこうです。

「話題が決まっていて、目下その材料を集めているという時には、関連して心に浮かんだことは何もかも書きとめるようにしてください」

「考えたことはすべて書きとめる、それも思い出せる範囲の短い言葉で」

「(メモは)精神的な成長を助けるということでは、ルビーにもダイヤにも、また山のような純金にもまさるのです」

「素材を順序よく整理するには、バラバラの紙のほうが便利でしょう」

なぜメモが必要かというと、人間は気がついたり、思いついたりしたことをすぐ忘れてしまうからなのです。人間は粗雑にできているので、そこに魚を見つけたら、ちゃんとつかまえておかないと、取り逃がしてしまいます。

私はアイデアはトビウオみたいなものだと思っています。たまたま海面に出てきただけで、それを飛んでいる間につかまえないと、また潜《もぐ》っていってしまいます。つまり忘れてしまうのです。

メモはトビウオを捕まえる網です。アインシュタインもエジソンもメモ魔で知られていました。2人ともぼうだいなメモの量で知られています。この2人の天才がそうしているのですから、ましてや凡人の私たちがメモを取らないなどということはありえません。

さらにいえば、**メモに書くと、それがきっかけになって「そういえば」といろいろなことを思い出すのです。メモは思いつきや思い出を引きずり出す道具なのだ、ということを覚えておいてください。**

リンカーンはどのように演説の準備をしたか
――ギリギリまで深く深く考えよ

名演説家で知られたリンカーンのもっとも有名なスピーチがゲティスバーグの国立戦没者墓地開設記念式典で行われたものです。このスピーチはわずか272語、たった2分間のものでしたが、「人民の、人民による、人民のための政治」という歴史に残る名言を残したのです。

リンカーンに「短いスピーチ」の依頼があったのは、式典のわずか2週間前でした。その2週間、彼はどこに行くにもスピーチの内容について考えていました。パレードの時刻がきたことを知らせるため、ドアがノックされるまで、考え続けていたそうです。そうやって練りに練った言葉が「人民の、人民による、人民のための政治」だったのです。

イエス・キリストも人々に説教する前に、ひとり荒野に行き、40日間も瞑想《めいそう》し、断《だん》食《じき》して深く考え続けました。キリストのもっとも有名な説教のひとつ「山上《さんじょう》の垂訓《すいくん》」は、そのあとまもなくして生まれたものです。

みなさんもスピーチを頼まれてから本番まで何日かあるとします。その間、ずっとドキドキして緊張するかもしれませんが、全然悪くありません。

「どうしても話さなければならない。ああ、気が重い」と思うのは、そのスピーチにちゃんと取り組もうとする真面目な姿勢のあらわれです。その緊張感がいいスピーチを生みます。というのも緊張＝自分に期待しているからです。

昔、宗《そう》兄弟という双子《ふたご》のマラソンランナーがいました。数々の輝かしい戦績を残した強豪選手ですが、いつもスタートラインに立つときは、ドキドキしていたそうです。

でもあるとき、お兄さんの宗茂《しげる》さんは、スタートラインに立つ自分が少しも緊張していないことに気づいたそうです。そして同時に、「自分はもう引退だ、と思った」とそのときの心境を語っていました。

緊張があるうちはまだ成長の余地があります。その緊張を活かして、テーマについて掘り下げて考えるエネルギーに使いましょう。

どうやってスピーチの準備をするか
——題材は前もって決めておくこと

スピーチをすることになったら、当然ですが、**題材は前もって決めておくことです。そのテーマをずっと頭に置いていると、関連することがどんどん集まってきます。**話がうまいからといって、出たとこ勝負で話そうとするとロクな結果にならないので、注意しましょう。

昔、私が小学生のころ、学校で発表するときは模造紙《もぞうし》という大きな紙にテーマについて書いたものです。関係することを模造紙に書いて、準備をし、それをみんなに見せて発表すると、落ち着いて話せました。

紙に書き、順序だててまとめる準備をしておけば、自分が言おうとすることが支離《しり》滅裂《めつれつ》にならずにすみます。カーネギーは「聴衆の前で、ふらつくこともなく、頭の混乱もなしに二、三分話を持たせることができれば、はじめのうちはそれで上出来です」と言っています。

なおテーマについて調べるときは図書館を使うのもいいと思います。「こんな題材でスピーチの準備をしています」と図書館の人に相談すると、助けてくれるはずです。ただし気をつけたいのは、本を読みすぎたり、人の意見を集めすぎたりして、最初の自分の思いが枯れてしまうことだ、とカーネギーは注意しています。「ベスビオ火山の噴火のような」熱い思いや関心が、何より大切なことに変わりはありません。

余力の秘密
――100用意して90捨てるくらいの余力を残そう

植物の品種改良を行うバーバンクという人は晩年にこんなことを言っていたそうです。「わずか一つ二つの優れた植物の品種を見つけるために、百万もの標本をつくることは珍しくありませんでした。質の落ちる標本は、そのあと廃棄するのです」

話す内容より多くのことを調べておくと、いい話ができます。**ネタを100個用意してそのうち10個しか話せなくても、捨てた90個がむだになるのではなく、話す10個を光らせるのに役立つのです。**

女子テニスの選手でナブラチロワという強い人がいました。強すぎて決勝でも1試合1時間ぐらいで勝負がついてしまいます。もらう賞金は何千万円です。「あなたはいいですね。たった1時間で何千万円ももらえるんですから」とあるインタビュアーが聞きました。ずいぶんストレートに言ったものだと思います。

するとナブラチロワはこう答えたのです。「この1時間のために、私は子どものころから10年、20年とものすごい練習をしてきたんですよ」

なかなかの答えですね。そのように必要な量以上にたくさんの練習をこなして準備していると、それが自分の余裕となって、本番のときの力になるのです。

スタンダード石油会社に所属していた歴史家のターベルという女性はある雑誌に海底ケーブルに関する短い記事を書くよう依頼されました。彼女はテーマについて十分な資料を集めましたが、さらに大英博物館や電線の製造工場まで出向き、記事に使える10倍もの量の情報を集めたのです。

なぜそんなことをしたのかというと、それが自分に余力を与えてくれると思ったからです。「余力」というのはいい言葉だと思います。カーネギーは「自分が知っていて表に出さないいろいろな情報は、実際に表に出たわずかなものに迫力を与え、色彩を添える」と述べています。私も同感です。

また、キャッテルという数千万人もの人に講演を行った講演家の例もあげています。その人が「講演の帰途、他にもこんなよい話があったのに言い残してしまったと、自分を責めるようでなければ、その講演は失敗だったと思う」と語っているのです。

私も講演会のあとに「あの話をし忘れた」「この話もすればよかった」と後悔することが少なくありません。でもカーネギーの本を読んだときに「そうか、そういうふうに思わない講演は失敗なんだ」と書いてあって、「よかった」とほっとしました。

もしかしたらみなさんも、スピーチやプレゼンをしているとき、「しまった！　あれを言っておけばよかった」と思うことがあるかもしれません。もちろん一番大事なことは忘れてはいけません。**大事なことは言い忘れが一番恐いので、とにかく最初に言ってしまいましょう。**

でも、あとは「あれも話せばよかった」「これも話せばよかった」と後悔の思いが残るくらいがちょうどいいのです。話し方の専門家のカーネギーからそう言ってもらえると安心できますね。

カーネギーのまとめ

1、話し手が、頭にも心にも本物の伝える内容、話さずにいられないものを持っている時、そのスピーチは成功したも同じである。
2、本当の準備とは、自分自身の中から何かを掘り出すこと、自分自身の思想を集めて組み立てること、自分自身の信念を大切に育てることだ。自分自身の考えを十分に練り、独自の例を引いてくれれば、スピーチは成功する。
3、題材を早めに決め、空き時間にそれについて考えを深めよう。
4、図書館で題材についての本を読もう。
5、実際に使おうと思うものより、はるかにたくさんの素材を集めること。それが余力を蓄えることになる。

周到な準備をするポイント

- 内面からあふれ出す輝きを得るために「自分は火山だ」「言いたいことがあふれ出ている」と自分に言い聞かせよう。
- 失敗談こそ、スピーチのいいネタになる。過去の出来事を思い出そう。
- 人間はすぐ忘れる。テレビや本でいいコメントを見つけたり、人の話から気づいたことはすぐにメモに残そう。手帳や付箋に書いたり、スマートフォンのメモ帳に書き入れるのでもいい。
- 本番までドキドキするのはいい緊張だ、ととらえよう。
- 余力を残すくらい調べつくすと、いいスピーチができる。
- 万一、本番で言い残しても、「言い残しがあるくらいがいいスピーチだ」と思っておけば安心できる。

第二章

有名演説家はどのように準備したか

ポイントを3つにしぼり、着地点を決めて、メモなしで話せるようにしよう

◆スピーチは航海と同じ。海図が必要である

この章では有名な演説家がどのようにしてスピーチを準備したか、その鉄則について述べているのですが、その前にカーネギーは大失敗のスピーチの実例をあげています。それはニューヨークのロータリークラブの昼食会で起きたことです。

ある政府高官が招かれてメインスピーチを行いました。テーマは所管官庁の活動についてでした。彼はそのことについて熟知していました。だからまったく準備をしてこなかったのです。その結果、恐ろしいことが起きてしまいました。その様子についてカー

ネギーは料理にたとえて説明しています。

「まずアイスクリームが出て、それからスープが出ました。次は魚とナッツ。そして極めつきは、スープとアイスクリームと上等の燻製《くんせい》ニシンの混ぜ合わせ。さすがの私も、ここまで混乱しきった話し手には、あとにも先にもお目にかかったことがありません」

政府高官は混乱して、わびを言い、水を所望《しょもう》し、震える手で一口飲んでは、二、三きれぎれの言葉を発し、額《ひたい》には脂汗《あぶらあせ》が吹き出しています。赤っ恥をかいて、面目《めんもく》丸つぶれの彼のスピーチが終わったときは、誰もが内心ほっとしたとカーネギーは書いています。ここまで言われると、いったいどんなスピーチだったのか、私も聞いてみたくなります。

「スピーチは目的地を持った航海ですから、海図は欠かせません。目的地も知らずに出港すれば、どこにも行き着けないのが普通でしょう」とカーネギーは言います。

これは言ってみると、スピーチではある程度の組み立てを用意せよ、ということになります。さらにカーネギーはナポレオンの言葉を引用してこうも言っています。

「戦術は科学であり、計画され考え抜かれたものでなければ、成功しない」。戦いにおいてだけでなく、スピーチについてもナポレオンの言葉は真理だ、というわけです。

ある入賞スピーチの構成
――きちんと言いたいことを整理し、後戻りしない

どんなスピーチが理想的かについて、カーネギーは全米不動産協会で行われたスピーチで第1位になったものを紹介しています。それはフィラデルフィアという町がいかに素晴らしいかについて述べたものでした。

このスピーチのいい点は、**はじまりと終わりがはっきりしていること。つまり海図があって、目的地が明確だった点**です。

まずフィラデルフィアがアメリカ合衆国生誕の地である、ということからはじまって、人口や産業など次々と紹介していったあと、フィラデルフィアには世界のどの都市より一戸建て住宅が多いこと。だからこそ、環境が整っていて、自由の国アメリカの源泉というにふさわしい。この町の人たちは、自由の炎を燃やし続ける使命を信じている、というクライマックスに導いていています。

そして最後の締めは「ワシントンの、リンカーンの、セオドア・ルーズヴェルトの

国家は、すべての人類を鼓舞《こぶ》するでしょう」という感情に訴えるフレーズになっています。

このように論点が順番に進み、後戻りせずにしっかり着地していると、聞いているほうも混乱せずに、安心して目的地まで導かれて行くことができるのです。

コンウェル博士のスピーチ構成法
――3段階の組み立てを考えておくとよい

ではどんな戦術、つまり組み立てを用意するのがいいでしょうか。

話の組み立て方について万能の法則はありません。しかし、どのスピーチにもだいたいあてはまる方法をカーネギーがあげています。

そのひとつがテンプル大学を設立したコンウェル博士のスピーチ構成法です。彼は牧師として数えきれないほどのスピーチを行いました。その構成法が次の4通りのパターンです。

〈その1〉パターン

1、事実を述べる。

2、それを出発点として議論する。
3、行動を呼びかける。

〈その2〉パターン

1、問題点を挙げる。
2、その改善案を示す。
3、行動を呼びかける。

〈その3〉〈その2〉の別パターン

1、ここに改革を必要とする状況がある。
2、それについて、これこれのことをしなければならない。
3、だから協力してほしい。

〈その4〉まったく別のパターン

1、興味をそそる。
2、信頼を得る。

3、事実を述べて、聞き手に自分の提案の利点を教える。
4、人を行動させる動機に訴える。

構成上、話のポイントを3つにしぼるのは、私も賛成です。3つポイントがある話をすれば、たいていうまくいきます。たとえば環境問題について話すのであれば、まず①「いまこれこれの環境が大変になっています」と事実を述べます。そして②「これを放置するとこうなってしまうので、いまはこれに手をつけなければいけない」と出発点の議論を述べます。最後に③「だからみなさんも身近なこれこれからはじめてください」と行動を呼びかけて締めくくります。

この展開はスピーチ、プレゼンテーションのだいたいどんなものにも使えるので、この構成を覚えておくと便利です。

構成のポイントが3つになっているのは意味があります。**人に話を伝えるのは、言ってみれば、川のこちら側にいる人を向こう岸に連れていく行為です。聴衆が知らないことを伝えるには、一緒に川を渡ってあげるイメージだと考えましょう。**

そのときに、いきなり川を渡ろうとしても距離がありすぎます。でも石をポンポンポンと3つ置くと、たやすく向こうに渡れます。私は『1分で大切なことを伝える技術』という本を出したことがあるのですが、3つのポイントをおさえれば、たいてい1分で「ほうー」というまとまった話ができるのです。

たとえば『ちびまる子ちゃん』の面白さを伝えたい場合を考えます。

①でちびまる子ちゃんの顔にざーっと棒線が入る〝すだれ顔〟が面白い、と言ったとします。

②では『おどるポンポコリン』という曲が面白いことを言い、

③でキートン山田さんのあのナレーションが面白いと述べると、その3つを選んだ時点でその人の個性が出ます。

ひとつにつき15秒ぐらいは話すことができるでしょう。それらをまとめて、最後に「だから『ちびまる子ちゃん』はいままでにない面白いアニメなんです」と結論を言えば、誰でも1分で話せるようになるのです。

また有名演説家のスピーチには〈その2〉パターンや〈その3〉パターンのように、最初に現状や問題提起を行って、改善策を示し、協力を要請するパターンが多くみられます。最初に事実の提起がないのに、「これをやって」「あれをやって」と言われるだけだと「なぜそんなことをしなきゃならないの」と思われてしまいます。

事実を指摘し、「だからこうしましょう」と段取りを踏むのが、大人のスピーチのしかたです。

なお、**3つのポイントを忘れてしまいそうだったら、1、2、3というように手にポイントを書いておくといいでしょう。**実際、自分が話すことを忘れないよう手に書いている人を、私はテレビ局で何人も見たことがあります。

有名人のスピーチ構成法
——AB2つを対立、あるいは比較する

上院議員だったビヴァリッジという人は、事実について両側面から語り、それらを踏まえて自分なりの結論を出すという組み立てでスピーチを行っていました。Aの見方、Bの見方、両方について述べ、「この2つの見方がありますが、こういう考え方はどうでしょうか」という展開をすると、話がわかりやすいのです。

私は大学の学生たちに、「困ったときは、AとBを比較しながら話をしてみてくださ

い」と言っています。たとえば「落書きはいいか悪いか」というテーマがあったとします。落書き賛成派がA、反対派がBで、Aの意見は「落書きは歴史的に独裁者に対する批判だった」とか「昔は子どもがみな落書きをして遊んでいたから、目くじらを立てなくてもいいのでは」など。Bの意見は「やっぱり迷惑だからやめたほうがいい」などがあります。

相反する2つを踏まえた上で、新しくCという意見を出していく。これを「弁証法《べんしょうほう》」または「正反合《せいはんごう》」（Aが正、Bが反、Cが合）といいます。「落書きする場所を決めればいいいんじゃないか」とか「芸術的な落書きなら認めよう」というのがCの意見です。

このやり方だと考えが発展します。これをスピーチにも応用するとしたら、**「まずはAという意見があります。一方でBという意見もあります。それでこの2つのいいところを合わせると、Cになるのではないでしょうか」**と言えば、説得力が増して、聞いているほうも「ほおー」となります。

AとBには、「対立」ではなく「比較」という方法もあります。たとえばサッカーの世界的な選手メッシについて語ろうとするとき、「メッシってすごいんだよ」と言ってもいまひとつ説得力に欠けます。でももうひとり、世界的に有名なクリスティアーノ・ロナウドを持ってきて、比較するとけっこう面白くなります。

「ヘディングならロナウドのほうがすごいね」「ゲームメーカーとしたらメッシのほうがいい」など、いろいろな比較ができます。

あるいは印象派の画家モネとルノワールを比べてみましょう。同じ風景を描いたと思われるのに、雰囲気が違う絵が存在します。2つを比べると、モネはたくさんのひなげしを赤い点として描いているのに対して、ルノワールは道を白く光るように描いています。「これは本当に同じところを描いたの?」というくらい違います。

人はAとBが2つ出てきて、初めて頭が働き出します。**どちらがいいとか悪いというのではなく、「こういう意見もあって、こういう意見もあります。それでなんですが……」と話せると、自分の主張だけを一本調子で言うよりは、考えが深い感じが出ます。**

ほかにも有名演説家の例として、セオドア・ルーズヴェルト大統領の話が出てきます。彼はまず事実をすべて掘り起こして、検討し、次に早口で口述を行います。そうすることで勢いや気迫をつけているのです。それをタイプして文章に起こし、修正を加えて、もう一度口述するのです。

このようにスピーチの原稿を口述によってつくるのは、スピーチ原稿がなかなか書けない人にはおすすめです。テープレコーダーに向かって口述し、耳で聞いてみると、聞き手側に立って自分のスピーチが判断できるので、その点でもひじょうに効果がある、とカーネギーはアドバイスしています。

一人でメモと遊ぶ
――メモを分類し、精査すればスピーチのポイントになる

前章でメモの大切さについて記しました。さらに「そのメモで一人遊びをしてください」とカーネギーはすすめています。

一人遊びとは、メモを分類することです。

まずメモを内容によって分類していきます。さらに分類したメモの束《たば》をそれぞれ精《せい》査《さ》していきます。いらないものは取り除いていく。そうすれば、分類したメモの束がスピーチのポイントになります。

スピーチが終わったあとも、メモをもう一度見るようにカーネギーは釘《くぎ》をさします。

優れた話し手なら、自分に4つのスピーチがあったと気づくからだ、と言うのです。

ひとつは用意していたスピーチ、2つめは実際に話したスピーチ、3つめは新聞にのった（と想定した）要約のスピーチ、そして4つめが会場から帰る途中、「こうすればもっとよかったのに」と思うスピーチの4つです。

なるほど、ひとつのスピーチで4つもつくれれば、達人と言えますね。

スピーチをする時にメモは必要か
――メモを読むほどつまらない演説はない

スピーチをするとき、誰もが不安になります。**でもメモを読みながら話すスピーチほどつまらないものはありません。スピーチには生き生きしたライブ感が大切なのです。**

リンカーンは公文書など歴史的な見解は、注意深く書面を見て読み上げましたが、ふだんのスピーチではメモさえ使いませんでした。「メモというものは、聞き手を退屈させ、混乱させるのが落ちだ」と述べていたそうです。

メモや原稿を読むスピーチがなぜこんなにうんざりするのかというと、そこには死んだ時間しかないからです。メモや原稿を書いているときに、すでにその時間は終わってしまい、あとは反復しているだけにすぎない。もうここでは何も起きない、という退屈さがあります。

もし歌手がずっと歌詞カードを見ながら歌っていたら、聴いているほうはシラケてしまうでしょう。心の底からわき出て歌っている感じがしないからです。あるいは歌手が「最高の歌を録音したものがありますので、どうぞお聴きください」と言ってCDを流したら、感動できないのは間違いありません。

それにメモばかり見ていると、目が下に落ちてしまいます。すると、聞いているほうも、話に集中できません。生き生き感がなくなってしまうのです。やはりいまこの場にいるからこそ生まれるライブ感が人をひきつけるわけです。

大学の先生でも、昔は書いてある原稿をそのまま読む人がいました。これをやられると、学生は一瞬で気絶するように寝てしまいます。あれは眠った学生が悪いのではなく、それを読み上げていたほうが悪いのではないかと思います。

そんなことをするくらいなら、その原稿をコピーして配ればいいではないか、と私はいつも思っていました。現に東大では前の年の講義録が生協で売られていました。

そういう先生は毎年同じようなことを話すので、講義録があれば十分でしたから、私は授業に1回も出ず、先生の顔もまったく知らずに単位を取ったことがあります。

もちろんあまりすすめられることではありませんので、みなさんは真似しないように。

もっともまだスピーチに慣れない最初のうちは、メモを持っていくのもありでしょう。横に置いておくだけでも、精神安定剤になります。赤ん坊でも、歩きはじめのころは家具につかまるのだから、スピーチ初心者がメモを手に壇上に上がっても、いけない理由はない、とカーネギーも言っています。

丸暗記は駄目
——一言一句思い出そうとするとライブ感がなくなる

メモがダメなら、暗記していったらどうでしょうか。これも「みじめな結果を招くだけ」だとカーネギーは言っています。なぜなら壇上に立って、いよいよ話そうというときになって、**その人が考えるのは、伝えたい内容についてではなく、原稿の文字を一言一句、逐一《ちくいち》思い出そうとすることだからです。**

「そんなスピーチは、全体が硬直していて冷ややかで、精彩にも人間味にも欠けることでしょう」とカーネギーは述べています。

もし話す内容が、自分にとって本当に言いたいことであるなら、一言一句にこだわらなくてもいいわけです。とにかく大事なのはライブ感なので、完全に暗記したり、原稿のように用意されているカチカチのものより、少しすきまがある感じのほうが親しみやすいのではないかと思います。

言いたいことがあれば、言葉がわき出てくる

南北戦争で勝利した北軍のグラント将軍は、降伏条件を書き出すとき、出だしの文章をどうするかなど、まったく頭になかった、と回想録に書いています。「ただ、自分の腹づもりだけははっきりしており、それを明快に書き表したいと思っていた。だから間違って書くことなどあり得なかった」

まったくその通りで、グラント将軍にはどうしても言いたいことがあったので、とくに意識しなくても、言葉が自然に転がり出てきたに違いありません。それと同じことがふつうの人にも起こるとカーネギーは言っています。

言葉より先に言いたい思いがあふれていれば、言葉など探す必要さえありません。古代ローマの詩人ホラティウスはこんな言葉を残しています。

「言葉ではなく、ただ事実と思想を求めよ。そうすれば、意図せずとも次々に言葉が湧き上がってこよう」

合間を見つけて練習せよ

考えがかたまったら、初めから終わりまで通して練習することです。イギリスの大政治家ロイド・ジョージはまだ政治家になる前、故郷のウェールズで垣根の杭《くい》や木を相手に身ぶり手ぶりでスピーチの練習をしていたそうです。

リンカーンは若いころ、往復数十キロの道を歩いて有名な演説家のスピーチを聞きに行きました。その帰り、リンカーンは農民たちを集め、切り株の上に立って、スピーチの練習をしました。農場主はリンカーンのことを「ひどい怠け者だ」と怒ったそうです。

演説上手な人たちの共通点として、カーネギーは「練習」をあげています。カーネ

ギーの話し方のクラスでも、もっとも上達が早かったのは、一番よく練習した人でした。

そんな暇《ひま》はない、という人に対して、カーネギーは何人かのやり方をあげています。たとえばある法律家は、通勤電車の中で、新聞を読むふりをして新聞に顔を隠し、自分のスピーチについて考えを練っていました。ある実業家はひじょうに多忙でしたが、夜遅く仕事から帰ったあと、必ずスピーチの練習をしたそうです。

時間のつくり方が下手な人は時間管理に関するビジネス書も参考になります。カーネギー自身、『24時間をいかに生きるべきか』という本を20ページずつちぎり、それをポケットにつっこんで、ちょっとした合間に読んで、2日間で読破しました。その本で得たノウハウを時間節約術に役立てたそうです。

みなさんも、**通勤電車の中や信号待ちの間、あるいは町を歩いているときに、心の中でスピーチの練習をしてみましょう。目の前に聴衆がいると思って、何度もシミュレーションするのです。**まったく何もしていないより、はるかにスピーチがうまくなっているのは間違いありません。

カーネギーのまとめ

1、「戦術は科学であり、計画され考え抜かれたものでなければ、成功しない」というナポレオンの言葉はスピーチにおいても真理である。

2、スピーチの構成や組み立てについて、すべてにあてはまる絶対確実な法則はない。

3、一つの話題については、それを取り上げた時にすべてを言い尽くし、また戻ったりすることのないように。

4、コンウェル博士のスピーチの基本的な組み立てはこうである。

❶事実を述べる。
❷それを出発点として議論する。
❸行動を呼びかける。

5、こんな方法もある。

❶問題点を挙げる。
❷その改善案を示す。
❸行動を呼びかける。

6、もう一つ卓抜《たくばつ》な方法あり。

❶興味をそそる。

❷信頼を得る。

❸事実を述べる。

❹人を行動させる動機に訴える。

7、その題材について両面の事実をすべて集め、整理し、検討し、咀嚼《そしゃく》する。

8、スピーチをテープレコーダーに吹き込み、聞いてみるとよい。

9、メモを読み上げてはいけない。

10、スピーチを考えたら、道を歩きながら声を出さずに練習しよう。

有名演説家の演説を参考にするポイント

●話のポイントを3つ見つけ、ひとつにつき15秒で話す練習をしよう。たとえば映画を見て面白いポイントを3つ見つけ、15秒ずつで述べたあと、「だからこの映画はこれまでにない面白い映画です」と結論を述べるとよい。

●説得力のある演説は構成がしっかりしている。⑴問題提起あるいは現状分析、⑵改善策の提案、⑶だから協力してくださいというメッセージ、という構成が多い。たとえばノーベル平和賞をとったマララ・ユスフザイさんの国連でのスピーチは、子どもたちが置かれた悲惨な状況を述べ、それに対して教育が必要だという対策を訴え、「1人の教師、1冊の本、1本のペンが世界を変えます。教育こそがただ一つの解決策です」という有名なフレーズでしめくくっている。

●スピーチでは、Aのことだけ言うのではなく、対立または比較できるBを置くこと。A、Bふたつの要素を並べると、物事がわかりやすくなる。

●スピーチ原稿が書けないときは、とりあえずしゃべってみて、それをICレコーダーに吹き込み、文字に起こして文章化してみよう。

●メモや原稿を見ながら、スピーチするのは極力やめよう。どうしても忘れそうなときは、手にポイントを書いておけばいい。

●すき間時間を見つけて、練習しよう。信号待ちや歩いているときでも、練習は可能である。

第四章

記憶力を増進する

覚えたことは必ずアウトプットし、自分の経験を交えて人に話そう

◆印象づけ、反復、連想でしっかり記憶する

この章でカーネギーは記憶法について述べています。話し方とは直接関係がありませんので、本書ではさらりとふれておくだけにとどめます。カーネギーは記憶するためには自然法則があって、それはたった3つの鉄則でできている、と言っています。すなわち、

(1)印象づけ

(2) 反復
(3) 連想

です。忘れないよう、しっかり記憶するにはこの3つをおさえればいいのです。

なぜ桜の木に気づかなかったのか
――私たちはもうろうとした頭ですごしている

まず1番目の鉄則「印象づけ」について。**カーネギーは記憶したいものに集中することが大事だと言っています。そうすれば脳にしっかり印象づけられるからです。**

発明王のエジソンはあるとき助手にこんな質問をしました。「工場に行く小道に桜の木が1本立っているが、気づいた人はいますか?」。助手は27人もいたのに、誰ひとりとして気づいた者はいませんでした。

エジソンはこう断言したそうです。「人間の観察力、真の観察力の貧しさはまったく信じがたいほどだ」。ふだん、私たちがいかに物事に集中せず、もうろうとした頭ですごしているかの証拠です。

ピューリッツァー賞の創設者、ジョーゼフ・ピューリッツァーは自身がつくった『ニユーヨーク・ワールド』紙の編集室にいる各人の席の頭上に、「正確に」と記した札をぶら下げていました。対象を正確に認識する。しっかり集中して、印象づけることが記憶力には重要です。

リンカーンが音読したわけ
——脳の活動が活発になるから

リンカーンが少年時代に通っていた村の学校では、教科書が1冊しかありませんでした。ですから先生が教科書を読み、そのあと生徒が唱和するというやり方で授業が進みました。その結果、リンカーンは何でも声に出して読む、という習慣が身についたのです。

のちに、「なぜ声に出して読むのか」たずねられたリンカーンはこう答えています。「声に出して読むと、二つの感覚でつかめるのだよ。まず読んでいる内容を自分の目で見ていること。第二に、それを自分の耳で聞いていること。だから黙読するよりもよく覚えられるよ」

その結果、リンカーンの記憶力は驚くべきものになったようです。リンカーン自身が自分の記憶力について「私の記憶は一片の鋼《はがね》のようだ。引っかき傷をつくるのは難しいが、いったんつくと、容易なことでは消せない」と語っています。

私は『声に出して読みたい日本語』という本を出しているくらいなので、音読をひじょうに推奨しています。音読すると記憶力がよくなるだけでなく、頭の回転がひじょうに早くなるのです。

東北大学教授で、脳の活動を研究している川島隆太《りゅうた》先生と対談させていただいたことがありますが、先生によると、音読は認知症の予防にもなるそうです。脳の前頭前野《ぜんとうぜんや》というところが活発になって、攻撃性がおさえられるとともに、知的活動も活発になるそうです。

音読は、口ではいま読んでいる文字を発音しながら、目は少し先を見て意味をとっていくので、脳が2つのことを同時にこなすデュアルタスクの状態になって、ひじょうに活性化されます。音読していれば、記憶力がよくなるというリンカーンの言葉も、脳の活動から見ていくと、なるほどとうなずけます。これも「印象づけ」のための集中といえましょう。

マーク・トウェインのメモなしスピーチの秘訣
──絵や図にして覚える

『トム・ソーヤーの冒険』を書いたマーク・トウェインはスピーチをするとき、メモが手放せませんでした。内容の順番が覚えられなかったので、段落の冒頭をメモにして持っていったのです。ところがあるとき、メモを忘れ、パニックにおちいりました。そこで彼は自分の爪に、段落の最初のアルファベットを書いておくことにしました。これならメモがなくても大丈夫。そう思ったのです。

しかしこれは大失敗でした。彼が爪ばかり見ているので、聴衆は彼の話より爪に興味を持ってしまったからです。何人かに「手をどうされましたか?」と聞かれる始末でした。

そんなこんなで悪戦苦闘《あくせんくとう》していたマーク・トウェインが最後にたどりついたのが、絵にして覚える方法だったそうです。**スピーチの概要や要点を絵にしてまとめたところ、絵が鮮明に頭に焼きついて忘れることはなかったそうです。**

それどころか、四半世紀前の講演ですら、絵だけは頭に残っていて、それを手がかりにすれば、内容を復元できた、というのですから驚きです。これは強烈な「印象づけ」といえます。

私も絵というか図にして話すということは、学生時代からずっとやっていました。相手との間に必ずA4の紙1枚を置き、頭の中にあるものを図化していくのです。たとえば相手の意見はAである。自分の意見はBである。AとBは対立している。それを統合するCという意見を考えてみよう、ということで、Cにあたるものをどんどん書き出していきます。

そうやって**頭の中の考えを、目に見える形にしていくと、物事が整理され、わかりやすくなります。**エジソンが残した大量のメモ書きには、図や絵が多かったというのも頭の中のビジョンを明確にし、記憶して印象づけるには、絵にすることが欠かせなかったからではないでしょうか。

新約聖書ほど大部の書物を暗記するには
——反復するにつきる

カーネギーによると、エジプトのカイロにあるアル・アズハル大学では、入学試験でコーランの暗唱が課されているのだそうです。コーランは新約聖書と同じくらいの長さで、全文を朗読するのに3日もかかるといいます。そんなに大量の文章を暗記することができるでしょうか。

カーネギーは「反復」につきるといっています。記憶するための第2の鉄則「反復」

です。たとえコーランのように大量のものでも、十分反復を行えば、記憶することは可能だとカーネギーは言っています。

効果的な反復法
――一気に覚えるより、間をあけたほうが効率的

とはいっても、やたらめったら反復しても効率は悪そうです。効果的な反復についてドイツの有名な心理学者エビングハウス教授の実験があります。彼は学生にでたらめで意味をなさないアルファベットを覚えさせました。

同じ量を記憶するのに、3日間に間隔をあけて行ったグループと、一気に覚えさせたグループで、何回反復したら覚えられるかはかったところ、一気に続けたグループのほうが2倍も時間がかかったそうです。

ですから**反復して何かを覚えようと思ったら、間隔をあけること。ぶっ通しで作業をしても効率はおそろしく悪いことがわかります。**『アラビアン・ナイト』を英語に翻訳したバートンは、27カ国語をあやつれる語学の天才でしたが、そんな彼でも「何語であっても、一度にやれる練習は15分がせいぜいだった」と言っています。

つまり一夜漬けでスピーチを覚えようとしても、まったくもってムダだとカーネギ

ーは言うわけです。そんなことをしても、記憶力は本来の実力の半分しか発揮できないのですから。

ウィリアム・ジェイムズ教授による記憶力増進の秘訣
——連想できるものを持つ

記憶をたしかなものにする3番目の鉄則は「連想」です。カーネギーがよく引用している心理学者のウィリアム・ジェイムズも「記憶とは連想のシステムである」と語っています。

ジェイムズによれば、記憶には「手がかり」が必要です。たとえば私が、ただ「思い出せ！」と言っても、「何を」という手がかりがなければ、みなさんは何を思い出していいかわかりません。でも「昨日の夕食は何を食べましたか？」と聞いたら、思い出せるでしょう。

手がかりとは連想といってもいいでしょう。頭の中にある記憶を引き出すには手がかりが必要で、その手がかりは、「すでにある何かとの連想を通して行われる」とジェイムズは言います。昨日、カレーライスを食べた人なら、カレーの映像や香り、一緒に食べた人や過去に食べた美味しいカレーなど、いろいろなことが同時に思い出され、連想されるはずです。

そして強く記憶しておきたいと思えば、「覚えたいと思う事柄との間に、いかに多様にして数多い連想の網の目をつくるかということになる」とジェイムズは言います。要するに、そのことについてどれだけ深く考えたかが、記憶の強弱をつくるのです。

ついでに言うと、私は記憶にはアウトプットが必須だと思っています。本でもただ読んだだけでは、おそろしい勢いで忘れていきます。時間がたつと、読んだという事実さえ忘れてしまう。まさに人間は〝忘却《ぼうきゃく》の生き物〟です。

そうならないためには、**見たり、読んだり、経験したことを必ず人に話すこと、つまりアウトプットが不可欠なのです。**私の大学の授業でも、自分が読んだ本について、1分でスピーチするということをやってもらっています。

そのとき本の内容を説明するだけではダメで、本から引用した言葉とそれに関連する自分のエピソードを語らなければいけません。本で得た知識を、一度自分に引きつけて、「自分」をくぐらせることで、より確実なものにしていくのです。

そうすれば、デカルトの『方法序説』の細かな部分は忘れても、「あのとき仕事で手ひどい失敗をして、自分は消えてなくなりたいと思ったけれど、そう思っている自分がずっとそこにあって、消えたい、消えたいと思うほど、自分の存在を強く意識した。だから『我思う、ゆえに我あり』なんだ」と覚えていられるというわけです。

スピーチの要点を覚えるには
——言葉をつなげて荒唐無稽な文章をつくってみる

スピーチの途中で話す内容を忘れてしまったら、みなさんならどうしますか。

何かを思い出すには「外からの刺激」と「すでに頭の中にあるものからの連想」の2つの手段がある、とカーネギーは言います。これをスピーチにあてはめると、「外からの刺激」はメモや原稿にあたります。「すでに頭の中にあるものからの連想」は、記憶にある何かを手がかりに思い出すことです。

まず、メモや原稿を見ながらのスピーチはおすすめできないので、この方法はとれません。あとは頭の中にある記憶を手がかりに、スピーチの要点を思い出すことです。

でも頭の中にある記憶を忘れてしまったら？　とくにスピーチの内容が雑多で順番や要点を記憶しにくい場合はどうしたらいいでしょうか。

そうならないために絶対忘れないとっておきの方法がある、とカーネギーは紹介しています。

それは記憶をつなぎあわせて、ひとつの文章をつくってしまうことです。たとえば「牛、葉巻、ナポレオン、家、宗教」とポイントが続く場合を考えてみましょう。これをつなぎあわせて、こんな文章にしてみるのです。「牛が葉巻を吸って、ナポレオンを角《つの》で引っかけたら、家が宗教とともに焼け落ちた」。ついでに牛が葉巻を吸って、ナポレオンを引っかけ、家がぼうぼう燃えているところを想像してみます。

次にこの文章を手で隠して、質問に答えてみましょう。第3のポイントは何でしたか？　第5は何？　第4、第2を言ってみましょう。どうでしょう？　うまく思い出せましたか？

こんなふうに覚えたい言葉をつないで、面白い文章をつくってしまうと、記憶にしっかり残ります。文章は荒唐《こうとう》無稽《むけい》なほど印象に残るので、面白いものをつくってみるといいでしょう。

万一、立ち往生した時

——直前の言葉を持ってきて、話を続ける

スピーチの途中で、話す内容をど忘れしてしまい、立ち往生《おうじょう》してしまったら……。考えただけでぞっとしますよね。あるアメリカの上院議員も同じような状況に立たされてしまいました。とっさに彼が取った行動は「私の声は小さくありませんか？後ろのほうの方、聞こえていますか？」と質問して時間を稼ぎ、その間に次に話すポイントを思い出したのです。

しかし全員がその上院議員のようにうまく立ち回れるとは限りません。ではどうすればいいのか。カーネギーのアドバイスはこうです。**立ち往生する直前に言った言葉や内容をもう一度くり返し、次の話の初めに持ってくることです。**

たとえば「仕事には積極性が不可欠です」と言ったとします。そのあと、続く内容を忘れてしまったら、「積極性」を最初に持ってきて、「積極性とは創造性であり、自分から進んで何かをやることです」など、適当に話をつくります。

あまりパッとしない内容ですが、何も言わずに立ち往生するよりはましです。さら

に「創造性」を使ったので、それを次に持ってきて、「何ら創造的思考をしない社員は……」などと話をつなげながら、用意したスピーチを思い出そうとするのだ、とカーネギーは言います。

どうしても思い出せなければ、流れにまかせて、次々と前の言葉を冒頭に持ってきて話し続ける。それでも壇上で無言で固まっているより、ずっとましだというわけです。

カーネギーのまとめ

1、記憶の「自然法則」とは、印象づけ、反復、連想の三つである。

2、覚えたいものについて、鮮明で深い印象を得ること。そのためには——

❶集中する。

❷じっくり観察し、正確な印象をつかむ。

❸メモではなく絵で表す。

3、どんなものでも反復を十分行えば、無理なく記憶できる。反復は間隔をあけたほうが、一度に休みなくやるより時間が半分で済む。

4、記憶される唯一の方法は、それが他の知識と頭の中で結びつくことである。

5、スピーチの要点を覚えるには、それぞれを、一つの要点が必然的に次へと導くような論理的な順序に並べること。各要点をつなげて、ナンセンスな文章をつくるのも手である。

6、もしも自分が何を言おうとしていたのか突然忘れてしまったら、その直前に話した文章の中の最後の文句を、次の文章の頭に持ってくるといい。

記憶力を高めるポイント

●音読すると脳が高速回転して、記憶力がよくなる。

●考えていることを図化すると頭が整理される。友達と話すときも、手ぶらではなく、必ずA4の紙を1枚真ん中において、お互いに話を図に落とし込み、頭の中にあるビジョンを〝見える化〟していこう。

●記憶を定着させるには、必ず人に話すなど、アウトプットする。そのさい、その内容を自分に引きつけて、似た自分のエピソードを思い出し、それと一緒に語ると忘れない。

第五章

スピーチの成功に欠かせないもの 千日の稽古を鍛とし、万日の稽古を練とす

◆途中であきらめずに続けることが大切

この章では、スピーチの成功に欠かせないものについて述べていきます。カーネギーの話し方教室には、せっかくスピーチを学ぼうとして来たのに、途中で嫌気《いやけ》がさしてあきらめたり、くじける人もいました。

しかしここでやめてしまったら、いままでの努力がムダになってしまう、とカーネギーは残念がります。「どんな傷だって、そう目に見えて治るものではない」。あきらめずに続ければ、確実にみなさんのスピーチの技《わざ》は向上していくのです。

根気が肝心
――停滞期が来ても、やめずに続ければ必ず克服できる

スピーチに限らず、ゴルフや語学などどんなことでも必ず停滞期や後退期があらわれます。これは心理学では「学習曲線におけるプラトー（平坦部）」と呼ばれています。スポーツでもイップスと呼ばれる停滞期があって、テニスの錦織《にしこり》選手やフィギュアスケートの羽生《はにゅう》選手もおちいったことがあるといわれています。

若いみなさんも、一時的な恐怖や壁にぶつかることがあるかもしれません。でもめげずに練習すれば、必ずしゃべることが楽しくなります。**へこたれずに続けた人は、何がどうなったかわからないまま、ある日、突然コツをつかんで、プラトーから大空へ飛び立つ、**と話し方のプロであるカーネギーは断言するのです。

剣豪の宮本武蔵《むさし》が書いた『五輪書《ごりんのしょ》』にも「千日の稽古《けいこ》を鍛《たん》とし、万日《まんにち》の稽古を練《れん》とす」という言葉が出てきます。「鍛練《たんれん》」の意味はそもそもそういった意味で使われていたのだと思います。

剣の達人の宮本武蔵でさえ、千日、万日の稽古を要したのです。ましてや凡人の私

たちには練習につぐ練習が必要です。

ひたすら取り組む
――恥ずかしがり屋だからこそ成功したリンカーンに見習え

名演説家といわれたリンカーンですが、若いころは極度の恥ずかしがり屋だったそうです。のちに妻となるメアリー・トッドの前でも、はにかんで黙りこくったまま、ひと言も話せなかったといいます。**しかし彼はこの人見知りをバネに、練習と独学を重ね、ついに名演説家になれたのです。**

彼の不屈の魂《たましい》を証明するこんなエピソードがあります。上院議員選挙で演説上手な対抗馬に破れたとき、リンカーンは支持者をこう諭《さと》したそうです。「一度の敗北はおろか、百度の敗北にもあきらめてはいけない」

みなさんもリンカーンを見習いましょう。「断固とした決意があるなら、事はもう半分済んだようなもの……きっと成功させるという決意こそ何より大事だということを、常に念頭に置きなさい」とリンカーンは述べています。この言葉を心に刻みつけ、少々の失敗ではめげないようにしたいものです。

努力は必ず報われる
――根気と一途さは才能を上回る

めげずに練習を続ければ、必ず努力は報《むく》われる、とカーネギーは言います。「ある晴れた朝、目覚めると、自分が町や地域で指折りのスピーチ名人になっている。そんな夢がかなう日がきっと来るということを確信していい」と言うのです。

その具体例として、カーネギーはパブリック・スピーキング・コースの修了パーティーでの出来事をあげています。

パーティーに招待された元知事は、参加者のスピーチを大絶賛します。どんな雄弁な政治家の演説にも匹敵するものだった、と最大級のほめ言葉で讃《たた》えたのです。しかしこのときスピーチしたのは、ほんの数カ月前まで人前に出るのが怖くて、口もきけないような人たちばかりでした。

心理学者のウィリアム・ジェイムズはこう言っています。「金持ちになりたいと望めば、金持ちになれるだろう。博学になりたいと願えば、博学になれる。善い人になりたいと思えば、そうなれるのである。ただ、その望みは本物でなければならず、あくまでそれだけを一途《いちず》に求めること」

平凡でも、根気と一途な目的意識を持った人が、結局は頂点をきわめるのだと、カーネギーは私たちを勇気づけてくれます。

成功している自分を想像せよ

ある夏、カーネギーは友人とともに、アルプス山脈のワイルダー・カイザーという山の頂上をめざしていました。この山は上級者向けで、アマチュア登山家には必ずガイドが必要でした。しかしカーネギーたちは初心者だったにもかかわらず、ガイドをつけていなかったのです。

「なぜそんなに自信があるのですか?」と聞かれて、カーネギーは答えます「何事も失敗することを考えてはやらない主義でして」。つまり成功している自分の姿しか想像していなかったというのです。

登山の場合、さすがにこれは無謀《むぼう》ですので、私はすすめません。しかし何かにチャレンジするとき、「自分は成功する」とイメージして取り組むのはいいことだと思います。

成功している自分を想像するだけなら、それほど難しくない、とカーネギーは言います。**「自分は成功する、と信じるのです。固く信じたら、今度は、成功するのに必要な行動を起こすことになるでしょう」**というわけです。

ただし、「やればできる」「あきらめなければ必ずかなう」という言い方に私は必ずしも同調しません。やって成功した人の背後に、その何倍もの失敗した人たちがいると思うからです。もちろん自分がやりたいなら、トライし続けてかまいません。でも若いうちに、ひとつのことに執着してこだわるばかりでなく、目の前にあらわれた流れをチャンスと考え、素直に乗ってみるのもひとつの生き方だと思います。

私が知っているある学生はテレビの制作の仕事がしたかったのに、秘書室に回されて一生懸命事務方の仕事をやっていました。そのうちに、段取り力を買われて、いまは海外からアーティストを呼ぶプロモーションや権利関係の仕事をまかされ、やりがいを持って仕事に打ち込んでいます。

学生時代はそんな仕事があることも知らなかったわけで、制作にこだわって秘書の仕事をおざなりにしたり、ほかの会社に転職していたら、めぐりあわなかった人生だったかもしれません。若いみなさんはもう少し柔軟に考えたほうがいいのです。

ただこの本では「スピーチがうまくなる」というのが目的ですから、そうした技術的な目標であれば、「ぜったいに成功する」と信じて、練習し続けても失敗することはないでしょう。

勝利への意志
――成功するための4つのG

カーネギーはある雑誌編集者からもらった助言を大切にしていました。その助言を生活に取り入れれば、スピーチの達人になれるだけでなく、幸せな人生の勝利者にもなれるというのです。一部を紹介しましょう。

「外へ出る時にはいつも、あごをぐっと引いて頭を高く上げ、大きく深呼吸すること。太陽の光を全身で受けとめ、友達に会えばにこやかに、心をこめた握手をする。誤解されるのを恐れたり、敵のことを思いわずらって、一分でも無駄にしないこと。こうしたいという目標をしっかり心にとどめれば、あれこれ迷うことなく、あなたはそれに向かってまっすぐ進んでいく。（略）すべては願望を通じて実現し、誠実な祈りは必ず応えられる。私たちは自分の心に思い定めたような人間に自然になっていくのだ。あごをぐっと引いて頭を高く上げよう。私たちは、神々になる前の準備段階なのだから」

要するに、目標に向かって自分を信じて進め。自信を持て、ということです。

たしかに**最初から「ダメだ」「失敗する」と思っている人に、勝利はありません。「どうせ自分の話なんて面白くない」「失敗する」と思って、もじもじしている人のスピーチは間違いなく失敗するでしょう。**

たとえつまらない話でも、自信ありげに、大きな声で思い切ってはじめてしまったほうがスピーチが上手そうに見えるのです。

私は英語の教師になるクラスも教えていますが、学生には英語の歌をサビの部分だけ30秒から1分くらい、大声で歌ってもらいます。そのとき、もじもじしてなかなか歌えないと、どんなに英語の発音がうまくても、みっともなく見えてしまいます。

一方、英語の発音はひどいし、音程もめちゃめちゃですが、腹をくくって歌いきってしまう学生は、みんなから拍手喝采をもらいます。自信がなくても、あるようにふるまい、勝利を信じてやりきってしまうことが大事です。

カーネギーはスピーチで成功する人の条件として、アメリカ海軍の従軍牧師だったフレイザー師のこんな話をあげています。

フレイザー師は、従軍牧師に志願した人々を面接するさい、この仕事に欠かせない資質、すなわち４つのＧを重視したそうです。４つのＧとはGRACE（気品）、GUMPTION（積極性）、GRIT（気概）、GUTS（根性）です。

４つのＧ、たしかにスピーチにも必要な条件だと私も思います。

カーネギーのまとめ

1、何を習うにしても、進歩は漸進《ぜんしん》的なものではない。停滞期（プラトー）が来ても粘り強く練習を続けたなら、いつの日か、飛行機のようにそこを飛び立てる。

2、スピーチの直前には、何らかの不安から逃れることはできない。しかし、努力を続ければ、やがてその最初の恐怖以外の心配は、何もかも消し去ってしまえる。

3、スピーチの学習で成功を収めてきたのは、特別な才能に恵まれた人々ではない。しかし、彼らには、根気と不屈の決意があった。

4、スピーチに上達した自分の姿を思い浮かべること。そうすれば、そこに到達するために必要なことに取り組んでいくことだろう。
5、意気消沈した時は、リンカーンの肖像を見上げよう。
6、Gからはじまる4つの言葉を覚えておこう。

スピーチの成功に必要な要素を磨くポイント

● 『五輪書』の「千日の稽古を鍛とし、万日の稽古を練とす」という言葉を胸に刻み、鍛練に励もう。忘れないようにこの言葉を壁に貼っておくのもおすすめ。
● 恥ずかしがるのが一番恥ずかしい。もじもじせずに何でも腹をくってやり切ってみよう。
● ひとつのことにこだわらず、時には流れに乗ってみるのも大事。

第六章

上手な話し方の秘訣

話し方のコツをつかみ練習すれば、誰でもスピーチの達人になれる

◆肝心なのは、話す内容より話し方のほう

あるときカーネギーは、世界で初めてロンドン、オーストラリア間の飛行に成功した2人の兄弟と知り合いました。2人はその飛行について、4カ月間にわたって交互に講演を行いました。

カーネギーによると、2人はほぼ同じ内容の話をしたそうです。しかし2人の話は同じ内容には聞こえませんでした。

その違いは「話とともに伝わる味わいとでも言うべきものです」とカーネギーは言

っています。**大切なのは、何を話すかではなく、どう話すかだ、とカーネギーは強調するのです。**

イギリス議会には、古代ローマの雄弁家クウィンティリアヌスの格言があるそうです。「肝心なのは話す内容ではなく、話し方だ」。**たしかにあまり内容がない話でも、話し方が上手な人が話すと面白いと感じます。**

芸人の松本人志《ひとし》さんがやっている『人志松本のすべらない話』というテレビ番組があります。

この番組にはいろいろな芸人やゲストの方が来て、とっておきの面白いネタを話すのですが、話し方が上手な人が話すと、本当に〝すべらない話〟になります。たしかに話の内容以上に、話し方は重要といえます。

イギリスの政治家にバークという人がいました。彼が書いたスピーチ原稿はあらゆる点で優れていたので、大学では原稿が演説のお手本として使われているほどでした。

しかしながらバーク自身は話し方がとても下手だったのです。彼が演説をはじめると、議員たちはそわそわしたり、咳《せき》をしたり、なかには議場を出ていってしまう人もいたそうです。何とも気の毒な人もいたものですね。せっかくいい話をしても聞いてもらえないのでは意味がありません。話し方にはくれぐれも注意したほうがよさそうです。

「話の届け方」とは
――コミュニケーションの意識が大切

言葉を発していれば、相手が聞いてくれるだろう、と思うのは大きな間違いです。カーネギーは話を伝えることを荷物の配達にたとえています。たとえばデパートで買った商品を配達するとき、その家の敷地内に放り込んでおけば、配達したことになるのか、とカーネギーは問います。ちゃんと荷物を相手に手渡して、初めて「配達した」といえるのではないでしょうか。

スピーチも同じです。**言葉を宙に向けて投げただけでは、相手に届きません。手渡しするように、相手に渡さなければならないのです。コミュニケーションするのだという意識が一番大事です。**

コミュニケーションは対話です。スピーチは自分が一方的に話すものですが、しかし対話しているような感じにしなければ、話が届かないのです。つまり相手が話をちゃんと受け取るには、そこにコミュニケーション、すなわち対話が成立しているような実感がなければなりません。

カーネギーはスイスの避暑地で行われた講演を聞きに行ったことがあります。有名なイギリスの女性作家が講師でしたが、彼女はメモを見たり、下を向いたりして、聴衆のほうを見ようとしませんでした。

まるでひとりごとを話しているようだった、とカーネギーは述べています。これでは対話は成立せず、上手な話し方とはいえません。

上手な話し方の秘訣
——アイコンタクトで意識の線を張る

若いみなさんの中には、聞き手を見るのが怖くて、目が泳いでしまう人もいるかもしれません。あるいはホワイトボードのほうばかり向いてしまう人や手元のパソコンだけを見ている人もいるでしょう。すると対話の雰囲気が形成されず、ただ言葉が宙を舞っている感じになってしまいます。

教育実習に行った大学生の授業を見に行くと、ときどきそういう光景に出くわします。ドキドキしているのか、生徒の顔を見ることができずに、空中を見ながら、あるいは黒板のほうを向いて話している学生がいるのです。当然ですが、子どもたちは全然話を聞きません。

そんなとき私は学生に「意識の線を張りなさい」というアドバイスをしています。生徒とちゃんとアイコンタクトをとって、その子に向かって**「意識と意識がつながりましたね。それではこの言葉を言いますね」という感じで、目を合わせていく。そうすると、言葉をちゃんと受け取ってもらえます。**

キャッチボールと同じです。「ボールをいまから投げますよ」「はーい」というやり取りがあって、初めてキャッチボールが成立します。


40人も生徒がいたらどうするのだ？ と言われそうですが、その場合は40人と意識の線を40本つくります。つまり全員と目を合わせていくのです。

ひとりあたり2秒ぐらいの見当でしょうか。とは言っても慣れていない人がやると、目を合わせることばかりに気を取られて、話す内容を忘れてしまうので、その場合はブロックで区切るやり方もあります。

よくミュージシャンのコンサートで「1階奥の席、元気ですかぁ？ 2階席、元気？」と声をかけています。あのやり方です。聞いている人数によって、右、左、真ん中と3ブロックにわけたり、さらに前後にわけて6ブロックにしたりなど、適宜判断すればいいでしょう。そして各ブロックごとに意識を集中させていきます。

また**聴衆の中で好意的な聞き手を見つけて、その人に向かって話すのもいいでしょう。何人か人がいれば、必ずうなずいてくれたり、「そうそう」という和やかなオーラを出している人がいます。**そういう人を少なくとも左右にひとりずつ見つけて、その人とアイコンタクトをとりながら話せば、目線を宙に泳がせながら話すより、ずっとましになります。

私は大学の授業で、学生たちに「意識の線の張り方」の練習をしてもらっています。まずスピーチをする人が前に立ち、それ以外の人たちは全員座ります。そして全員が右手をあげます。スピーチしている人とアイコンタクトがとれたと感じた人から順番に手を下げていくのです。

上手な人はひとりに対して、1、2秒でちゃんとアイコンタクトをとりながら話します。すると40人いても、パタパタと手が下りていきます。もし1分で全員の手を下ろさせることができたら、50分で50回ずつ、全員とアイコンタクトがとれるわけです。そうすれば、途中で寝る人は誰もいなくなります。

難しく思うかもしれませんが、練習すれば案外すぐにできるようになります。家族か友人に協力してもらいましょう。２人または３人の人を前において、スピーチします。

慣れないと真ん中の人ばかり見て話してしまいますので、体ごと右に向いたり、左に向いたりしながら、右の人、左の人と順番にアイコンタクトをとっていくのです。真ん中の人は左右の人を見るとき、自然に見るので、意識しなくてもかまいません。そうやって、まんべんなく全員を見ながらスピーチをするのですが、それでもアイコンタクトがとれない人は、視線に手をそえる感じで話してください。

「はい、右の方《かた》」「はい、左の方《かた》」というように、手をそえながらそちらにいる人に向かって話すのです。視線、手、意識が３つそろって、「意識の線」がしっかり張れるようになります。

話し方の技術は、簡単な練習で身につきますので、ぜひみなさんもトライしてみるといいと思います。

自動車王フォードの助言
――全身全霊を傾け、人柄で話せ

フォード自動車を創業したヘンリー・フォードはいつも次のようなことを言っていました。「わが社の車はみな同じです。でも人間に同じ人はいません。社会や学校は人間を同じ鋳型《いがた》にはめようとしますが、私たちは自分だけのかけがえのない個性を伸ばすべきです。それこそ、あなたを価値ある人間にしている要因なのですから」

この言葉はスピーチにもあてはまります。人が自然に話していれば、いやでもその人の個性があらわれます。**ふつうの人のスピーチは、その人らしさが出れば、それで十分素晴らしいのです。**

私は以前「全国高等学校ビブリオバトル」というコンテストの審査員をつとめたことがあります。高校生が、自分のおすすめの1冊をプレゼンテーションして、その内容を競うコンテストです。みな地域の大会を勝ち抜いて全国大会まできているので、さすがにどのスピーチも、堂々としていて、素晴らしいものばかりでした。ちゃんと自分の体験と本の内容がからんでいて、その本がいかに面白いかがしっかり伝わってくるのです。
そのなかに『ハリネズミの願い』（トーン・テレヘン著）をプレゼンした男子高校生がいました。他のみんなは堂々と自信たっぷりにスピーチしていたのに、彼だけはまったく正反対でした。自信なさげで、聴衆に堂々と訴えるというより、自分の内面と対話するようにとつとつと語るのです。

カーネギーは「説教に全身全霊を傾けた」牧師の例をあげていて、その姿がとても心を打ったと語っています。まさにこの男子高校生がそうでした。

本のよさについて、言葉を一つひとつ置くように、全身全霊をかけて切々と伝えるものですから、その切なさにみなノックアウトされてしまって、一番流暢《りゅうちょう》でない人がチャンピオンに選ばれてしまうということが起きたのです。

スピーチは流暢で、流れがあったほうがいいのですが、あまりにスムーズすぎると心に引っかかりません。むしろ話が得意ではない人が、切々と、心の底から誠実に語りかけてきたほうが、その人柄で聞き入ってしまうことがあるのです。

ですからもし方言やなまりがあっても、そのほうが自然に話せるのなら、わざわざ標準語にしなくてもいいと私は思います。西郷隆盛《さいごうたかもり》が標準語で話したら興ざめです。「おいどんは何々でごわす」と話すから、西郷《せご》どんのよさが出てくるのです。

いまは方言は少しも恥ずかしいものではなく、たいへん価値があるものだと思います。イントネーションなど気にせずに、本当の自分でいられるような話し方で心をこめて話せばいいのではないでしょうか。

ただし、「えっ、やばくね?」とか「超やばいじゃん」のような話し方は、あまりにくだけすぎているので、少しよそ行きの言葉に変えたほうがいいとは思いますが。

カーネギーは話し方の訓練をしているとき、話し手に何回も話を中断させて、「人間らしく話しなさい」と指示したといいます。大人になると、その人らしく、自然に話すのは意外に難しいのです。

どうしたら自然に話せるのかというと、カーネギーは練習につきると言っています。「自分がぎこちない話し方をしていると気づいたら、中断して、心の中で自分を厳しくたしなめることです。『ほら! どうした? 目を覚ませ。人間らしく話すんだ』と」

その人らしく、自然に話す。そして「ビブリオバトル」で優勝した高校生のように、全身全霊をかけて、切々と、心の底から誠実に話す。そうすれば、その人柄が人の心を打つスピーチになります。

人前で話す技術その1
――重要な言葉を強調し、熱を持って伝える

話し方の技術は簡単な工夫で身につきます。その技術を4つ、カーネギーはあげています。まず1番目は、**「重要な言葉を強調し、重要でない言葉は軽く言う」**ということです。

まあ、あたりまえですが、要は強弱をつけるということです。歌を歌うときも、盛り上がるサビの部分があります。そこで全力で声を出します。スピーチでも重要な言葉のところを強調するのです。

どちらかというと、私はスピーチのとき、ずっとハイテンションで話してしまうほうで、強弱というより、ずっと「強」のままでした。全部が大事なことだと思っていたので、「これも大事」「あれも大事」とずっとハイテンション、ハイスピードで話していたのです。

すると聞いている人から「何が大事なのかわからない」という感想があって、「それもそうか」と思ったものですから、それからは「ここが大事ですよ」というところをしっかり強調して話すようにしたのです。

絵でも濃いところと淡いところ、明るいところと暗いところがあるから美しく映えるわけです。話の中でも「ここが大事」というハイライトがあるはずなので、そこにパーンとライトがあたるように強調して話すのです。

必要だったら、大事な言葉は「大切なのでもう一度言いますね」とくり返してもいいでしょう。

若いみなさんがどうやってスピーチに強弱をつけるのか、その方法ですが、ひとつは「声を張る」というやり方があります。**重要な部分にきたら、「これこれなんですよ！」と声を張って、強調している感を出せばいいでしょう。**「みなさん、これが一番言いたいことです」とはっきり言ってしまってもいいと思います。ふつうのときにはふつうの声で、重要なところでは声を張るという強弱のつけ方です。

学生が前に出て発表するとき、私はよく「声を張って」と言います。これは「大きな声」で言うのとはちょっとニュアンスが違います。「声を張る」とは遠くまで届く声を出すことで、これは息を張らないとできません。「息を張る」とはわかりにくい表現かもしれませんが、おへその少し下（ここを丹田《たんでん》といいます）に力を入れて、息と一緒に声を吐き出す感じです。

俗に言う、お腹の底から声を出す、と思えばいいでしょう。大声のほうはのどから出す感じですが、「声を張る」ほうはお腹から出す声です。演劇をやっている人は、マイクなしでも劇場の一番後ろまで声を届かせられます。重要な部分がきたら、それくらいのつもりで声が張れれば、しっかり言葉を受け取ってもらえるでしょう。

もうひとつ、若いみなさんがスピーチに強弱をつけるとき、やっていただきたいのは、**話の中で強調したい部分を、本気ですごいと思うことです。**

これは私が教師をめざす学生にくり返し教えている技術です。「先生になったら、毎時間、すごい！　すごすぎるよ！　○○（○○の中にはこれから教えることが入ります）という気持ちで教えなさい」と言っています。

たとえば三角形の内角の和が１８０度だというのは、大人はもうあたりまえに知っていますが、生徒たちは初めて知ります。ですから生徒たちの記憶にとどめてもらうためには、内角の和が１８０度だということに自分が本気で感動していなければなりません。

授業がはじまる前に、「すごい！　すごすぎるよ！　三角形の内角の和が１８０度」と言いながら、その場でぴょんぴょんと飛び跳ねておくのです。すると「どんな三角形も内角の和は180度なんだよ。すごくない?」と、本当にすごい気持ちで、熱をこめて伝えることができます。

人というのは正直なもので、なぜか話している人の熱量を感じるものです。すると聞いている側も体の熱量が高まってきます。私はこれを中学1年生のときの理科の先生に感じました。

その先生は授業の最初に必ず本物のシダを見せてくれます。「これが日本最北端のシダです」「私が採ってきました」と熱く語ります。毎授業、シダを最初に見るところからはじまるので、私は理科ではシダが一番重要なのだ、と思っていました。その先生があまりに熱くて、本気だったので、私は理科が大好きになってしまったのです。

自分が熱量を持って、強調して話すから、その熱が相手の心を打つのです。話し手がすごいと思っていないものに、相手が感動するわけがありません。自分が本気で感動することが大事です。

人前で話す技術その2

――声の調子を変え、変化をもたせる

私たちが会話をしているとき、自然と声の調子は高くなったり、低くなったりしています。それが耳に心地《ここち》よく聞こえるのだ、とカーネギーは言います。これがまったく一本調子で、単調だと、聞いている人は即座に眠くなってしまいます。それがわかっているのに、スピーチのときは、単調な話し方になってしまう人が多いのです。

そこでカーネギーはスピーチの途中でひと息入れて、「これではまるでロボット人形だ。話しかけるようにするんだ。人間らしく。自然に」と言い聞かせるようすすめています。単調にならないためには、とにかく練習しかありません。

スピーチのときは、たいていの人は、あがっているので、声がうわずって、声高になっています。そこでカーネギーは、強調したい言葉をわざと声を低めて言うようにアドバイスしています。たとえば次の文章の傍点のところを、ほかの言葉より低い調子で言ってみてください。その言葉がきわだってくるでしょう。

私には一つだけ取り柄《え》がある。それは、決してあきらめないことだ。（フォッシュ元帥）

教育の大きな目的は知識ではなく行動だ。（ハーバート・スペンサー）

そういえば、私はいつも声が高めだったのですが、中学の国語の時間に先生から朗読を命じられて、その日に限ってどういうわけか、ちょっと低めの声でやってみたことがあります。

するとその朗読がしんみり行き渡り、先生から「3年間教えてきたけれど、今日の朗読が一番いいですね」とほめられたのです。

ですから自分の声が高すぎると思ったら、少し低めの落ち着いたトーンでやってみるのもいいですし、ふだん落ち着いている人なら、ちょっとテンション高めでやってみるのもいいでしょう。

そして舞い上がりすぎてしまったと思ったら、ひと息入れて「ちょっと、まあ落ち着け」と自分に言い聞かせ、「いま、少し舞い上がりましたけれども、地に足が着きましたので」とでも言い、また落ち着いて話すのがいいのではないでしょうか。

声の調子を変えるというのは、声を高くしたり、低くするだけではありません。**重要なところでは声を張る、そして急に小声にしたりして、変化をつけると、聴衆も飽きません。**私もマイクを使って話しているときは、ときどき小声になって、「でも、まあ本当はこれは○○なんですけどね」とつぶやくようにしています。するとそのほうがみんなは聞いてくれて、笑いが取れたりします。

この〝つぶやき戦術〟はけっこう効くな、と思っています。私はいつも相手に対して、〝立て板に水〟で訴えかけるのですが、ふと我に返ったようにつぶやいてみせる。そこで調子が変わると、聞いているほうも「あれ、調子が変わったな」とまた集中力が戻ります。

ほかにも私がよくやるのは、会話を織りまぜるやり方です。たとえばソクラテスとその弟子の話を、突然演劇風にやってみせるのです。「ソクラテスがこう言いまして、すると弟子はこう言ったんですね」とその様子を真似して見せると、トーンが変わってみんなの関心を引きつけます。

音楽でもちょっと激しい第1楽章、わりとゆったりした第2楽章、再び激しさが戻る第3楽章というふうに、調子の変化があると、いつまでも飽きません。スピーチも交響曲のような変化があるのが望ましいのです。

人前で話す技術その3
——話す速度を変え、緩急をつける

カーネギーによると、リンカーンは自分の話を記者にはっきりつかんでもらうため、話す速度を変えていたようです。ある記者がリンカーンの話し方について、こんな記

述を残しているそうです。

「彼はよく、いくつかの語を非常な速さで話し、自分の強調したい言葉や語句になるとそこで速度をぐっと落として声を強め、それからあとはまるで稲妻のように突っ走ったものです……彼は自分が強調したい一語か二語に、それに続くさほど重要でない数語分と同じ時間を割《さ》いたのです」

「こういう話し方をすれば、必ず聞き手の注意を引きます」とカーネギーは言います。**話す速度を変え、緩急《かんきゅう》をつける話し方をすれば十分説得力がある話し方になるのです。**

私はつね日頃から学生に、「強調したいときは、話す速度を落として、声は強めに」と言ってきました。リンカーンのこの言葉を読んで、自分のスピーチの指導は間違っていなかったのだ、と改めて確認できました。

言葉の速度に緩急をつけるのは、学生時代、英語を学んでいるときに気がつきました。英語で発表するさい、ある生徒の英語は何となくダーッと流れて、耳に残らないのに、別の生徒の英語はまるで日本語のように「おおっ」と入ってくるのです。

その違いは何かというと緩急だ、と気づいたわけです。大事な単語はゆっくりと言う。そうでもないときは、なだらかに流れるように言う。そしてまた大事な単語にきたら、ゆっくり発音する。だから要点がしっかり頭に入ってきたわけです。

その後、アメリカのドラマを英語で見ていたら、やはり大事なことを強調するときは、その単語を嚙んで含めるようにゆっくりとしゃべっていました。日本語でも大事な単語は、スピードをゆるめて、ゆっくり言えば、そこを強調しているのだな、とわかります。

ただ現代においては、私は基本的にはテキパキしたスピーチやプレゼンのほうがいいと思っています。あまりゆっくりじわーっとくるものだと、みな時間がないものですから、イライラしてしまう人もいるのではないでしょうか。

しかしテキパキしたなかにも感情を動かすようなところがほしいわけです。**情報はテキパキ伝えるのですが、ここだけは情を動かすというところだけゆっくり話す。**

つまり、あまり速い速度で話されてしまうと、頭がついていくのに精いっぱいで、感情が動きにくいので、その部分だけは「でなんですけど」とゆっくり感情的に、「こちらとこちらを比べますと、この点ではこちらのほうがいいかと思います」と言うと、聞き手の心にしみ込む気がします。

要するにギアをいくつ持っているか、ということです。速い速度とゆっくり速度、ふつうの速度の3段階くらいがいいのではないでしょうか。だいたい電動自転車でも、3段階くらいはあると思います。

ふつうに話している速度から「ここはかいつまんで、ちょっと急ぎます」と早口でパパパっと話して、「ここが大事なところなので、ゆっくり話します」とギアチェンジします。

簡単に言うと、3段といっても、ふつうより速く話すか、ゆっくり話すかですから、**情報を伝えたいときは速く、感情を伝えたいときはゆっくり、と覚えておくといいのではないかと思います。**ギアがひとつしかない人は、ちょっと変化がつきにくいので、話の内容が頭に残りにくいことになります。

人前で話す技術その4
――重要なポイントの前後に間を置く

リンカーンは演説の途中でよく間《ま》を置いたといいます。演説がクライマックスにさしかかると、体を前にかがめて、しばらく聞き手の目をまっすぐ見つめて何も言わなかったそうです。

たとえば奴隷制度について論じた有名なリンカーン・ダグラス論争で、リンカーンは突然話をやめて、少しの間、黙って立っていたそうです。そしていかにも疲れ果てているという様子で、彼独特の単調な声で「皆さん」と呼びかけます。

のちにリンカーンの伝記を書いた作家は「こうした単純な言葉と話し方が皆の心の核心に触れたのだ」と書いています。この言葉を受けて、カーネギーはこう結論づけています。

「リンカーンは強調したいと思う言葉のあとにも間を置きました。彼はその意味が聞き手の心にしみ込んでその使命を果たす間、沈黙を保っていることによって、その言葉をいっそう力強いものにしたのです」

リンカーンとダグラス上院議員との論争では軍配はダグラスにあがり、リンカーンは上院議員になれませんでした。しかし2年後のアメリカ合衆国大統領選挙で、共和党の指名候補者に選ばれるのです。

間を置くのは、ちょっと勇気が必要です。でもそこでビビらないことが大事です。

「これが自分が一番言いたいことなのだから、それを伝えるにはこれがベストパフォーマンスなのだ」という覚悟を持って、間を置くのです。

間を置くといっても、5秒もあけたら〝放送事故〟のようになってしまいます。目安はひと呼吸でいいでしょう。ひと呼吸置いて、ポンと言う。それくらいでいいでしょう。

私はしゃべりたいことが多すぎて、間を置くのがもったいなくて、次から次へとしゃべってしまいます。すると、全部が間のないトーンでいくので、話が流れていってしまいます。一度立ち止まって「これです」と言わないと、人はそれが大事だとわからないでしょう。

ちょうど本で大事なところは1行あけて書くのと似ています。1行あけて、メッセージを書いて、また1行あけると、間のある話し方ができます。

これは笑いをとるタイミングにも大事で、ちょっと間を入れて「そんな奴、おらんじゃろ」みたいな突っ込みを入れると、がぜん面白くなります。

私は落語家のＣＤをよく聞くのですが、落語家はほとんど間で勝負しているようなものです。流れるように話していると思ったら、ポンと間を置くことで、ドカンと笑いが起きます。

私は古今亭志《ここんていし》ん生《しょう》の落語が好きで、ＣＤをボックスで持っています。志ん生の間は絶妙で、それを聞いていると彼のワールドに引き込まれてしまう気がします。

なお、本書の原著ではカーネギーが間のとり方の練習用として、文章をあげています。次の文章を最初は間をとらずに一気に読み上げます。次に（　）内の指示通りに間をあけてみます。みなさんも間の効果を体感してみてください。

「商品のセールスは戦いと同じです」（間を置いて、「戦い」という考えを浸透させる）「ファイトのあるものだけが勝つことができます」（間を置いて、その考えを浸透させる）「このように物を売るのに、戦わざるを得ないような状況など、私たちにとって好ましいものではないかもしれません。しかし、そんな状況は何も私たち自身がつくったのではないし、自分たちがこれを変えることはできないのです」（間）「販売競争に参加したら、勇気を奮い起こしましょう」（間）「さもないと」（間を置いて、どうなるのかな、と気をもたせる）「何度打順が回ってきても、空振《からぶ》りばかりで得点にはなりません」（間）「ピッチャーを恐れていては三塁打が打てるわけがありません」（間を置いて、あなたの言おうとする要点を浸透させる）「肝に銘じておきましょう」（間を置いて、要点をさらに浸透させる）「守備の間をつく一撃をやってのけたり、フェンス越えのホームランを打ち上げるのは」（間を置いて、この素晴らしい選手についてあなたがこれから何を言おうとしているか、相手にたっぷり気をもたせる）「勇気凛々《りんりん》といった様子で打席につく選手です」

カーネギーのまとめ

1、大切なのは何を話すかではなく、むしろどう話すかということだ。

2、聞き手を無視して、聴衆の頭の向こうを見つめたり、床に目を落としたりする話し手が大勢いる。聴衆と話し手の間に通い合うものがなければ、意思の疎通が行われているとは言えない。

3、よいスピーチは日常会話の音声と率直さを拡大したものだ。普通の個人の集まりで話すのと同じように話すのだ。

4、誰にもスピーチの能力はある。それがうまくなるためには練習が必要だ。人の真似をしてはいけない。自分の個性、自分独自の手法をスピーチに盛り込もう。

5、スピーチに全霊を打ち込もう。
6、四つのチェックポイント。

❶一つの文章の中の重要な語を強調し、重要でない語を軽く言う。
❷声の調子を上げては下げ、また上げる。
❸重要でない語は大急ぎで言って、強調したい語にもっと時間をかけるというように、話す速さに変化をつける。
❹重要な語句を言う前とあとに間を置く。

上手に話すポイント

●言葉を投げただけでは相手に届かない。相手とコミュニケーションしているのだ、という意識が大切。
●必ず一人ひとりとアイコンタクトをとって、「意識の線」を張る。人数が多いときはブロックにわけてもいい。アイコンタクトができない人は、聴衆の中から好意的な人を見つけて、その人に向かって話すといい。

●アイコンタクトをとる練習をしよう。家族や友人を前に、右の人、左の人と均等にアイコンタクトをとる。できないときは、手をそえて「右の方」「左の方」とやるといい。

●その人らしく、自然に話す。全身全霊をかけて、切々と、心の底から誠実に話すと、その人柄が心を打つスピーチになる。

●声を張って、話に強弱をつける。

●「すごい！ すごすぎるよ！ ○○」と自分で言って、話の熱量を高める。話し手がすごいと思っていないものに、相手が感動するわけがない。

●声が高すぎる人は、ときどき低めのトーンで、落ち着いている人はテンション高めを織りまぜて、一本調子にならないように話す。

●急に小声にしたり、演劇調に会話を入れたりして、変化をつける。

●情報はテキパキ伝えるが、感情を動かすところはゆっくり話す。話す速度のギアを、速い、ふつう、ゆっくりと3段階くらい持っているのがいい。

●大事なポイントで間を置くのも効果がある。5秒あけるとあけすぎなので、ひと呼吸くらい置くのがいい。

第七章　話し手の態度と人柄

「上機嫌Tシャツ」を着ていると思って、笑顔で話そう

◆自分が持っている人柄を最大限引き出す

カーネギー工科大学（現在のカーネギーメロン大学）の調査によると、ビジネスで成功するかどうかは、知能より人柄に影響されるとのことです。スピーチで聞き手を引きつけるときも人柄は重要です。でもいまさら急に人柄のいい人になれ、と言われても無理ですよね。

しかしカーネギーは、自分がもっている人柄をプラス方向に最大限引き出す方法があると言っています。まず**スピーチの前はしっかり休養してから登場すること。疲れ**

切った様子の話し手に、人は魅力を感じません。

また食欲に注意するようにともアドバイスしています。ある有名な牧師は説教前に食事をしなかったそうですが、確かに満腹では頭がぼんやりして、キレのあるスピーチがしにくいでしょう。

聴衆に少しでもいい印象を与えるには、自分の体調や雰囲気なども整え、少しでも好印象を与える人物になっておきましょう。

聴衆を引きつける人と、引きつけない人の違い
——エネルギーに満ちているかどうか

カーネギーはある野外演説会で目撃したことについて語っています。いろいろな人がいろいろな立場で話をしていて、人々はどれでも好きな演説を聞くことができるのですが、ある演説者のまわりには何百人もの人が集まっているのに、そのすぐそばではほんの数人しか聴衆がいない人もいるのです。

「人々はエネルギッシュな話し手、つまり元気が満ちあふれている人のまわりに群がります。まるで秋の麦畑に群がる野鳥のように」

聴衆を引きつけるのは、ずばりエネルギーです。カーネギーは「エネルギーは聴衆

を引きつける力です。活力であり、元気であり、意気込みです」と語っています。

これは大事なことだと私も思います。みなさんもスピーチやプレゼンをするときは、エネルギーに満ちた状態をつくらなければなりません。エネルギーをそぐような緊張やビビリが一番いけません。

人前に出ていく前は、その場でピョンピョンはねたり、体操をして、息を入れ替え、元気満々の明るい表情で話しましょう。「三振してもいいから、思いっきりバットを振ってこい。失敗してもいいから、思い切りしゃべってこい」という感じです。

私の場合、壇上へは軽い小走りで出ていきます。歩いていくより、軽く走っていったほうがテンションが上がります。聴衆のほうも「あれっ、なんだ、なんだ」と注目するので、その勢いで「ああ、どうも」と言うと、いい感じのテンションになります。ちょうどお笑い芸人の人たちが「どうもー」と言って走り出てくるのと似ています。

みなさんも、もし順番に発言する場合は、呼ばれる前にもう立って出ていく準備をしているくらいがちょうどいいのです。「何々さん、どうぞ」と言われてから、「せえの、よしっ」と立ち上がって準備しているようでは遅すぎます。

私は大学の授業で学生たちに発表してもらうさい、「前の人の発言が終わったら、1秒も間をあけないで」と言っています。前の人が終わった瞬間、拍手が起きている間に、もう次の人がしゃべりはじめる。間髪《かんはつ》をいれず、流れるように交代しなさい、というわけです。

この〝間〟の取り方にエネルギーがあらわれます。元気よく出てきたな、という雰囲気がかもし出されるのです。そして**声を張り、元気よく話すだけでずいぶん違った印象になるでしょう。とりあえず、明るく、元気でやる、という単純なことでいいのです。**

服装が与える心理的影響
――服装は聴衆にも自分自身にも影響を与える

カーネギーはある大学の学長が行った服装に関するアンケートについて述べています。全員に共通していたのは、自分が非のうちどころがない服装をしていると、自信がわき、自尊心が高まることでした。

「成功しそうな外見をしていることで成功するだろうと考えやすくなり、その結果成功しやすくなる」とアンケートの回答者は述べていたそうです。

たしかに服装で、自分が値踏《ねぶ》みされたり、自分自身の気分が左右されることはよくあります。あまり見てくれにこだわりすぎるのもどうかと思いますが、**少なくとも、身なりにまったく気を配っていないような話し手はあまり信用されない、と思っていたほうがいいでしょう。**

ここぞというときの服装を誤るな

服装について、こんな例をカーネギーはあげています。南北戦争の最終局面で、南軍のリー将軍はバージニア州アポマトックスで、北軍のグラント将軍に降伏します。

これが事実上の南北戦争の終結になるのですが、降伏の条件について話し合う場で、リー将軍はしみひとつない真新しい軍服の正装で臨みました。一方の北軍のグラント将軍は、ふつうの兵隊のシャツ姿で、上着さえ身につけず、みるからにみすぼらしいかっこうでした。これではどちらが勝軍の大将かわかりません。

のちに「身長百八十センチあまりの堂々とした体格に立派な身なりのその男と私とは、さぞかし奇妙な対照をなしていたに違いない」とグラント将軍は回想録で述べています。ここぞというとき、きちんとしたかっこうをして行かなかったことは、グラント将軍の生涯の痛恨事《つうこんじ》になったのです。

みなさんはガンジーといえば、白い民族衣装を思い浮かべるでしょう。でも本来ガンジーはイギリスで西洋の教育を受けたエリートで、弁護士時代はパリっとしたスーツに身を包んでいました。しかしインドで独立運動に加わったときは、あの白い民族衣装に変えたのです。

もしガンジーがエグゼクティブのような仕立てのいいスーツのままだったら、あれほど民衆の支持を得たでしょうか。たかが服装、されど服装なのです。

話しはじめる前から、我々はすでに値踏みされている
――上機嫌の笑顔でいれば間違いない

カーネギーはある銀行家の伝記を書いたことがあります。その銀行家が成功した理由を友人にたずねたところ、笑顔が成功の要因だと答えたそうです。

実力がある人はほかにもたくさんいたはずですが、その銀行家が成功したのは、温かく人を包み込むような笑顔でした。その笑顔のおかげで、人の善意を獲得できたというのです。

心理学者のオーヴァストリート教授は著書の中でこう述べています。

「類は友を呼ぶ。もし我々が聴衆に興味を抱けば、聴衆のほうもこちらに興味を持ってくれるだろう。こちらがしかめっ面《つら》をしていれば、聴衆も、顔に出す出さないは別にして、おそらくしかめっ面をするだろう。我々がおどおどしたり取り乱したりしていれば、聴衆も我々を信頼しないだろう。横柄な態度で自慢げに話せば、聴衆は自己防衛本能を働かせるだろう。多くの場合、話しはじめる前から、我々はすでに値踏みされているのだ。だからこそ、温かい反応を誘い出すような態度で聴衆には接しなければいけない」

スピーチのさいも、話し手が笑顔であれば、こちらも温かい気持ちになれます。一方、冷たくて、嫌々という態度だと、聞いているほうも嫌な気分になります。話し手の態度は感染しやすいのです。

ここにいるのが楽しくてたまらないという態度。つくり笑顔ではなくて、この壇上に立てて、みなさんとお話しする機会が得られて本当にうれしいという気持ちが笑顔を通して伝わると、もうそれだけでスピーチは8割がた成功したようなものです。

基本的には「上機嫌」でいることがすべてです。私は「上機嫌Tシャツ」というのをつくり、それを着て授業をしたことがあります。

もしみなさんがスピーチやプレゼンのさいに緊張してしまったら、自分が「上機嫌Tシャツ」を着ていると思って、**「ここにいるのがうれしくてたまらない」「上機嫌で楽しい」という風情《ふぜい》で話しはじめると、〝ご機嫌感〟が伝わっていいでしょう。**

聴衆を一カ所に固める
――密集したほうが心が動きやすくなる

ある場所で、カーネギーは同じ内容の講演を昼と夜に行いました。昼間は広いホールにぱらぱら散らばって座っている少人数の人が聴衆でした。夜は同じホールに超満員の聞き手がつめかけました。

すると人々の反応がまったく違ったのです。散らばっている聴衆の場合は、あまり反応がありませんでした。

でも超満員の聴衆は、おなかの底から笑ってくれたのです。これは人数の差ではなく、人と人との距離の問題だと、カーネギーは言います。

たとえたくさんの人がいても、広い場所に散らばっていては、反応が薄くなります。

「人を集団として動かすことは、個々の人を動かすよりもはるかにたやすいことです」とカーネギーは言います。密集した中にいると、人はひとりでいるときより、心が動きやすくなるのです。

ですから少人数を相手に話をするときは、聞き手がなるべく密集するように、小さな部屋で行うか、大きな部屋の場合は、前に移動してもらって話し手の前にぐっと集まるようにしてもらったほうがいいでしょう。

ポンド少佐、窓をたたき割る
――話し手にも聞き手にも新鮮な空気が必要

窓をたたき割った人がいるということの話は、私も驚きました。ポンド少佐という有名な講演家のマネージャーだった人の話です。彼は講演家がスピーチする前、会場の照明や椅子の配置など、事前に厳しくチェックするのがつねでした。

あるとき、会場が暑すぎて、空気もよどんでいたのに、窓が開けられないことがありました。

彼は本を投げつけて、窓ガラスをたたき割ったというのです。もともと軍隊の将校ですし、少々手荒なところはあったのかもしれませんが、それにしても窓をたたき割

ると は、すごい人です。
空気がよどんでいると、講演家の大事なのどに悪影響を与えます。それに聴衆も眠くなってくるでしょう。カーネギーも何人かでスピーチする場合、自分が話す前には2分間の休憩を入れて、必ず窓を開け放したそうです。話し手にも聞き手にも新鮮な空気が必要です。

光あれかし——汝の顔の上に
——照明はしっかり顔にあたるように

スピーチやプレゼンを行う部屋はなるべく明るく、とカーネギーは言います。「魔法瓶の内部のように暗い部屋の中で人を熱狂させるのは、ウズラを飼いならすのと同じくらい、困難なことなのです」と面白い表現をしています。

みなさんは照明のことまで、とても気が回らないかもしれません。でも照明は顔の印象を左右する大事な要素です。カーネギーはこう言っています。「聴衆はあなたの顔を見たがっています。あなたの顔に現れる微妙な変化は、自己表現の方法の一部、それも非常に迫真的な部分なのです」

そういえばある女優さんは自分専用のライト（女優ライトと呼ばれます）を用意し

ていて、顔を明るく見せています。照明をしっかり自分の顔にあてたほうがいいのです。反対に照明の真下に立つと、顔が陰《かげ》になって暗い印象になってしまいます。みなさんも余裕があるなら、**どの位置に立つと、顔が一番明るくなるか、事前に調べておくのもいいと思います。**

壇上には余計なものを置かないこと

壇上には余計なものを置かないこと、とカーネギーは言います。雑然とものが置いてある環境だと、安っぽく、だらしない雰囲気が生まれるからです。あるいは話す人の背後に、ダンボール箱や在庫の商品、書類などが積み上がっていたらどうでしょう。話し手を見ると同時に、散らかった背後の光景も目に入るので、ざわざわと落ち着かない気持ちになります。

話の内容に集中してもらうには、周辺を整理して、話に関係あるもの以外は目に入らないようにするのがいいと思います。高級店の店内はよけいなものがなく、整然としています。由緒《ゆいしょ》ある寺院や神社は、きれいに清掃されており、いっさいのムダがありません。そういうものが人々の信頼や尊敬を集めるのです。

「スイスの青い空を背にそびえるユングフラウの、雪を頂いた峰の頂上のように、壇上には話し手だけがすっくと立っているようにしたいものです」とカーネギーは述べています。「自分はユングフラウだ」と思うと、勇気がわいてきそうですね。

来賓を壇上に上げない
――聞き手の注意がそれないようにする

カーネギーがカナダで首相の演説を聞いていたときのことです。演説の最中に事務員が長い棒を持って、窓を次々と開けながら、部屋の換気をはじめたそうです。すると聴衆は、首相の演説はそっちのけで残らず事務員に注目してしまいました。

ニューヨークではこんなこともありました。ある有名な話し手が、話しながら、ずっとテーブルクロスをいじっていたそうです。聞き手はその間中、ずっとそのテーブルクロスを見ていました。

こんなふうに、何か気になることがあると、聞き手の注意はそちらにそれてしまいます。よくあるのは壇上に来賓《らいひん》を上げることです。カーネギーが観察していると、来賓が足を組み替えるたびに、聴衆の目は話し手から来賓に注がれたそうです。ですからカーネギーは自分の講演では可能な限り、来賓を壇上に上げませんでした。

若いみなさんの場合は、そのような指示ができる立場にはないかもしれませんが、少なくとも自分が話しているときは、聞いている人の気がそれないように、できるだけよけいなものは排除したほうがいいでしょう。

落ち着くこと
――聞き手の注意がそれないようにする

話をはじめるとき、あわてて話しはじめないことも大事です。「それでは素人《しろうと》丸出しになります。息を深く吸い込み、しばらく聴衆を見まわします」そして「胸を張りましょう」とカーネギーは言います。

要するに落ち着け、ということです。さきほどのエネルギーの話で言うと、まずジャンプをしてテンションを上げ、緊張をほぐしておいたうえで、1度深く息を吸って、口からゆっくりフーッと吐くと落ち着きます。エネルギーが満ちた軽やかな身体にしておくのですが、そこで1回呼吸して落ち着かせるとちょうどいい状態になります。

そして**聞き手から〝見られている〟と緊張するのではなく、むしろこっちのほうが〝見渡してしまう〟ぐらいの感じで臨みます。**

私の場合は無料の講演会が多いのですが、「みなさん、お元気そうで何よりです。高額なチケットにもかかわらず、今日はありがとうございます」と言うと、笑いが起きます。「いまお笑いにならなかった方は、本当に高額なチケットをお買いになったのでしょうか？」などといった感じで、私ははじめます。**聴衆に対して負けていない感じ、飲み込んでいる感じが大事です。**

こういう笑いの取り方は若いみなさんがやると危険ですので、注意したほうがいいですが、要は聴衆に飲み込まれるなということです。聴衆に飲まれている人は、見ているほうもつらいもの。「この人はスピーチに慣れていて、堂々としているな」という人のほうが、聞いている側も落ち着けます。

役に立ちそうな提案
——話の内容が詰まった樽をいっぱいにしておけ

身ぶりについてカーネギーはいつくか提案をしています。欧米人はふだんでも身ぶり、手ぶりが多いので、とりわけスピーチのさいには、手や腕をどんなふうに動かして、指はどうする、というような細かい指導があったようです。

しかし日本人の場合は、あまり身ぶり、手ぶりは考えなくていいように思います。

もじもじしたり、落ち着きなくボタンをいじっている、というのでもない限り、自然にしていればいいでしょう。大切なのは、話す内容をしっかり持っていること。カーネギーは面白い言葉を引用しています。

樽《たる》を満たせ
栓《せん》を抜け
あとは成り行きまかせ

事前に話す内容についてたくさん準備をしておいて、本番で栓を抜く。それぐらいの度胸でいいでしょう。とにかく話す内容で樽をいっぱいにしておくことが重要なのです。

カーネギーのまとめ

1、スピーチには人柄が影響する。話し手は最上の状態で聴衆の前に立とう。

2、疲れた状態で話をしてはいけない。休息して元気を回復し、エネルギーを蓄えておこう。
3、話をする前は、食事を控えめに。
4、エネルギーを減らすようなことは避ける。エネルギーは人を引きつける力だ。
5、身なりはきちんと魅力的に。よい服装をしているという意識は自尊心を高め、自信を増す。
6、笑顔。ここにいるのがうれしくてたまらない、と言いたげな態度で聴衆の前に出よう。
7、聴衆を一カ所に固める。散らばって座っていてはなかなか心を動かさない。
8、聴衆と同じ高さに立とう。形式にとらわれず、親しみを込め、会話口調で話そう。
9、部屋の中の空気を新鮮に保とう。
10、明かりがまっすぐ自分の顔に当たるように立とう。
11、聴衆の気を散らすものや、壇上によく見かけるがらくたなどは取り除こう。

話し手の印象をよくするポイント

- エネルギーにあふれた身体をつくろう。その場でピョンピョンはね、体操して、息を入れ替える。壇上に出ていくときは小走りで。
- 順番に話すときは、前の人の拍手が起きているときに、もうしゃべりはじめるくらいの勢いが大事。
- 話すときは、ここにいるのが楽しくてたまらない、という笑顔で。上機嫌でいることが一番大事。緊張したときは自分が「上機嫌Tシャツ」を着ている状態をイメージし、〝ご機嫌感〟を取り戻そう。
- 照明の真下に立たないようにしよう。女優ライトを思い出そう。
- あわてて話しはじめないで、落ち着くこと。話す前に一度深呼吸すると落ち着く。
- 聞き手から〝見られている〟のではなく、こちらが〝見渡してしまう〟という気持ちで。
- 事前に話す内容をたくさん準備しておき、本番で栓を抜く。それぐらいの度胸でいればいい。

第八章

スピーチのはじめ方

“笑いの神”に見放されている人は“誠実の神”に頼ろう

◆最初の出だしは宣伝広告文のように

優れた話し手はみな、はじめと終わりの言葉が印象的です。**はじめの言葉を用意しておき、最後に着地の言葉を決めておく。それだけあれば、真ん中はもう心配しなくて大丈夫です。**

結婚式のあいさつはその典型です。「おめでとうございます」ではじまって、最後も「おめでとうございます」で締めくくれば、多少グダグダになってもかっこうがつきます。

アリストテレスの時代から、演説は序論、本論、結論にわけて話すのが王道でした。かつては序論もけっこう長かったのです。でもいまビジネスの場でこれをやったら大変です。「結論を早く言いたまえ」と注意されてしまうでしょう。

いまから100年ほど前のカーネギーの時代においてすら、**長々と前置きを話すのは嫌われました。「もし序論を述べるのなら、宣伝広告文のように短くなくてはいけません」**とカーネギーは言っていて、その一例として、アメリカの第28代大統領のウィルソンが議会で行った演説をあげています。彼は戦争の危機について次のように演説をはじめています。

「我が国の外交関係に一つの事態が発生しました。このことをきわめて率直にお知らせするのが私の明白な義務であると心得ます」

こんなふうに切り出されたら、議員たちもはっとして耳を傾ける気になったのではないでしょうか。

“ユーモラスな話”でスピーチをはじめるのは要注意
――自分の失敗談ならネタにできる

初心者が面白い話ではじめようとするのは危険だと、カーネギーはアドバイスします。なぜなら人は話のおかしさで笑っているのではないからです。

「スピーチをするにはいろいろな能力が求められますが、聴衆を笑わせる能力ほど、身につけるのが困難で、しかもめったに身につかないものが他にあるでしょうか？　**ユーモアというのは当意即妙《とういそくみょう》が命です。それは個性、つまり語り手の人柄の問題なのです**」


要するに、面白い話でも誰がそれを言うかによって違うのです。明石家《あかしや》さんまさんが言えば面白いけれど、ほかの芸人さんが言うとスベるということもあります。

これは個性、すなわち人柄の問題だといわれると、「そうか、あまり無理して笑いを取りにいかなくてもいいのかな」と思えます。私の授業を受けている学生で、ドラえもんの物真似をする人がいて、発表の途中からドラえもんの話し方でしゃべりはじめて、ものすごくウケていました。

そういう特技がない人や、無理して笑いを取ろうとしてスベったときの空気がたまらないという人は、ふつうに誠実に話せばいいのです。

でもそれではみんな同じようになってしまってつまらない、と思う人は、自分を笑いの種にするという〝奥の手〟があります。「みっともない状況にある自分自身の様子を面白おかしく話すのです」とカーネギーも言っています。

人の失敗をバカにするのはとても危険ですが、自分を笑いの種にするのは大丈夫です。うちの学生たちも、みんなどうしてこんなに面白い話ができるのだろう、というくらい面白い話が得意です。それは上手に自分の失敗ネタをはさんでくるからです。

あるとき女子学生が自分がいかにモテなかったかという失敗談をとうとうと話しました。そのときは初めての授業でみな初対面だったにもかかわらず、ドカーンと大ウケでした。

失敗談ですから、多少恥ずかしかったかもしれません。でもそのスピーチで彼女は好感度ナンバー1のクラスの人気者になったので、メリットのほうが大きかったと思います。


ですから、自分の失敗談を用意しておくといいと思います。私もけっこう失敗談が多いほうなので、そういう話を入れていくと、みなリラックスしてクスクス笑えます。

それでも笑いがスベる場合は、もう〝笑いの神〟が自分にはついていないのだと潔《いさぎよ》くあきらめて、落ち着いた〝誠実の神〟に頼ればいいでしょう。誠実さで勝負するのも、十分個性的だと思います。

おわびの言葉ではじめてはいけない
――言いわけしても許されるわけではない

初心者が犯しやすい間違いは言いわけやおわびの言葉ではじめてしまうことです。「私の話はつまらないかもしれませんが」とか「大した話もできませんが」とか「私なんぞがその任ではないのに、お話しをすることになってしまいまして」などとぐずぐず言いわけしていても、いいことは何もありません。

言いわけをすれば、スピーチ下手が許されると思うのはとんだ勘違いです。カーネギーも言っています。**言いわけをすると、聴衆もそんな気分になってしまうのです。でも言いわけをしなければ、聴衆は気がつきません。わざわざマイナスの注意喚起をする必要はない、というわけです。**

好奇心をかき立てる
――雑誌の見出しや記事の冒頭が参考になる

あらゆる種類の動物が好奇心を持っています。「好奇心――この好奇心というものに動かされない人がいるでしょうか」とカーネギーは指摘します。**スピーチの冒頭に、好**

奇心を刺激するような言葉が入ると、聴衆は耳を傾けるのです。

たとえば、「アラビアのロレンス」で有名なロレンス大佐について、カーネギーはこんなふうに語りはじめるそうです。

「ロイド・ジョージは言っています。『ロレンス大佐は近年まれに見るロマンチックで絵になる人物だと思う』と。」

英国の大政治家ロイド・ジョージといった有名人の名前を入れること、そして「ロマンチック」「絵になる」という言葉が、聞く人の好奇心を呼びます。

また「一八七〇年に私たちはチグリス川を下りました」とか「拳銃の鋭い発射音が静けさを破った」など、聞き手の意表を突くちょっとしたエピソードからはじめるという方法もあります。いずれも、「これから何が起こるのだろう」と聞き手の好奇心を刺激します。

雑誌の記事や見出しには、好奇心をかき立てるような表現や文言が並んでいます。これらを参考にすると、スピーチをどうはじめるかが学べると、カーネギーはアドバイスしています。

具体的な例を引いて話しはじめる
――たとえばというエピソードが大事

抽象的な話ではなかなか人を引きつけることができません。「面白いことがありましてね」と言われても、「はあ」という感じになりますが、「こんなことがありましてね」と具体的にエピソードを言われると、面白さが伝わります。

たとえば読書をすすめる講演会で「本は大事です」「読書は大切ですよ、みなさん」と言ってもあまりピンときません。でも「本があまり好きではないという人は、絵本感覚で『アリババと40人の盗賊』という本を読んでみてください。だいたい『開けゴマ』という呪文だけでも面白いでしょ？　自分の家の前に×印がつけられたとき、みなさんならどうしますか？　これはもう本当に名作ですから、ぜひ読んでみてください」と具体的にすすめると、「じゃあ、読んでみようかな」という気になります。

あるいは平和について述べるとして、ただ「平和は大事だよ」と言うのではなく、平和を勝ち取った人がどういうことをしたのかを具体的に述べたほうが伝わるでしょう。たとえばガンジーがどうやってイギリスからインドの独立を勝ち取ったのか。塩がイギリスの専売になったことに抗議して、海まで長々と行進した「塩の行進」というパフォーマンスを行い、それがきっかけになった、というような具体例があると、「おおーっ」と引き寄せられます。

何か品物を見せる
——物があると関心が深まり、誠意も伝わる

聞き手の注意を引きつける一番簡単な方法は、何かを高く掲げてそれを見てもらうことです。「幼児、ペットショップの猿、通りを歩いている犬でも、その種の刺激には注意を向けます。最高に上品な聴衆にも効果があります」とカーネギーは面白い指摘をしています。

たしかに物を持ってくると、話は盛り上がります。私の授業を受けているある学生は茨城県にある自宅からメダカを水槽ごとかついで持ってきました。「メダカの話をするので、みなさんに本物を見てもらいたくて」と言っていましたが、みんなは「ええっ！　これを持ってきたの?!」と、ただもう感動してしまいました。

またある女子学生は世界の地理を説明する模擬授業で、自分が旅して買ってきた民族衣装を大学に持ってきました。それを何人かに着せ、私も着ましたが、それを着た

だけで、世界の国々に行きたくなるような気持ちになりました。**品物を見せると、話の内容をより身近に感じますし、それを持ってきた話し手の誠意もわかって、関心が深まります。**

何か質問する
――問いを入れることで、聞き手の好奇心をかき立てる

聴衆に質問するのもいい方法です。カーネギーは質問することが「聴衆の心を開いて入っていくには最も簡単で確実な方法」であり、「他の方法でうまくいかない時は、いつもこの手を使えばよいのです」とさえ言っています。

まず聞き手に問いかけて、それに対して聴衆が答えるのではなく、自分が答えていきます。つまり「問い」を入れていくことによって、人の気を引くやり方です。

私は将来教員をめざす学生に、授業は軸になる3つの問いを用意すれば、面白くなると教えています。

たとえば、「『万葉集』には何首の歌が収められているか?」「万葉仮名とはどういうものか?」「民衆の心がどうあらわれているか?」と聞いていくと、問いが推進力になって、好奇心をかき立てます。

カーネギーは誰か著名人が言った質問を話の出発点にしてみるのもいい、と述べています。「誰々がこれこれということを言っています」「ではこれこれとは何でしょうか?」というような進め方です。著名人の名前で注意を引き、問いかけで好奇心が刺激されるというわけです。

ついでに言っておくと、文章を書くときも、「これこれは何でしょうか?」のように「はてなマーク」で構成していくと、面白くなります。

聞き手の最大の関心事と結びつくように話を持っていく
――誰もが関わりのあることから話をはじめる

ばくぜんと話をはじめても、他人事のようになってしまっては、何の関心も持てません。カーネギーの受講生が森林保護の必要性について力説したときも、聴衆は退屈この上ない顔をしていました。

そこでカーネギーは、出だしをこんなふうに変えたらどうか、と提案しています。

「これからお話しする問題は、皆さんのお仕事に関係のあることです。アップルビーさんのお仕事にも、そしてそこにいらっしゃるあなた、ソールさんのお仕事にも。実際、私たちの口にする食べ物の値段にも、家賃の額にも多かれ少なかれ影響してくるのですよ。私たち皆の幸福と繁栄をおびやかすのです」

自分に重大な関わりがある問題については、みな関心を持ちます。いかにしてそうした関心事と結びつくように、話をはじめるかがポイントになります。

ショッキングな事実は注意を引きつける力を持っている
――出だしの迫力が全体を左右する

「優れた雑誌記事はショックの連続だ」と、ある定期刊行物の創始者のマクルーアさんという人は言っています。**スピーチの出だしはとても重要です。そこにショッキングな話を持ってくると、がぜん興味を引きます。**

カーネギーの受講生たちの何人かは、アメリカの犯罪の現状についてスピーチをしましたが、どれも出だしが月並みでした。なぜなら「単なる言葉の羅列《られつ》にすぎなかった」からだとカーネギーは指摘します。

もしアメリカの犯罪について述べるなら、国際的な奉仕クラブ「オプティミスト（楽天主義者）・クラブ」のギボンズのようなスピーチが優れていると、カーネギーは例にあげています。それはこんな出だしではじまっています。

「アメリカ国民は世界最悪の犯罪者の集まりです。こんなことを言うとびっくりされるでしょうが、事実なのです。オハイオ州クリーブランド市にはロンドン全市の六倍もの殺人犯がいます。人口比にすると、窃盗犯はロンドンの百七十倍にのぼります」

出だしが気迫にかけると、話全体が迫力のないつまらないものになってしまいますが、逆に言えば、インパクトのある出だしだとそれだけで人を引きつけるのです。

一見何げない出だしの効用
――親近感を抱かせ、話をもっと聞きたくさせる

カーネギーが大好きなスピーチの出だしとして、ある女性のスピーチをあげています。それは何気ない言葉からはじまっています。

「昨日、ここからさほど遠くない町を電車で通りながら、そこで二、三年前に行なわれた結婚式のことを思い出しました。この国ではこの他にも性急で悲惨な結果に終わっ

た結婚が数多く行なわれておりますので（以下略）」

カーネギーはこの出だしについて「これから興味深い思い出話がはじまることを予感させ、詳しい話を聞きたい気持ちにさせます。聞き手はこの人間味あふれる話をじっくり聞いてみようという気になります」と述べています。

このように親しげな出だしは、たしかに親近感を抱かせます。前に自分の失敗談をはさむコツをあげましたが、これと同じように、**人間味あふれるスピーチが聞き手の共感を呼ぶのです。**

カーネギーのまとめ

1、スピーチは出だしが難しい。また重要でもある。成り行きにまかせるのは危険、前もって周到に準備しておくべきだ。

2、前置きは短いに限る。文章一つないし二つで十分。場合によってはまったく省略してもかまわない。

3、初心者ははじめにユーモラスな話をしようとしてみたり、おわびの言葉を述べたりしがちだが、どちらも普通は感心しない。言おうとすることを単《たん》刀直入《とうちょくにゅう》にさっさと話すに限る。

4、聴衆の注意を即座に引きつけるには、

❶好奇心を起こさせる。

❷人間味あふれる話をする。

❸具体例を挙げる。

❹何か品物を使う。

❺何か質問をする。

❻何か印象的な言葉を引用する。

❼その話題が聴衆の重大な関心事に影響があることを示す。

❽ショッキングな事実についての話からはじめる。

5、形式ばりすぎるはじめ方はよくない。堅苦しい話を避け、気楽で、さりげない、自然な印象を与えるようにする。

スピーチのはじめ方のポイント

●初めと着地の言葉を用意しておけば、大丈夫。
●笑いを取りたいなら、自分の失敗談をネタにするのもあり。でも初心者は無理しなくても誠実に話せば十分。
●言いわけやおわびの言葉はいっさいいらない。ぐずぐず言っても何の効果もない。
●抽象的な話はつまらない。「たとえば」という具体例を必ず入れること。
●具体的な「物」を持ってくると、よりインパクトが大きい。持ってきた話し手の誠意も伝わる。
●「これこれは何でしょう?」という問いをはさむと、話も文章も面白くなる。

第九章

スピーチの終わり方

3分以上話が続くと人はうんざりする。スピーチは簡潔に終わらせよう

◆終わりの言葉を2、3通り用意しておく

スピーチの終わり方はスピーチ全体の印象を左右するくらい重要です。終わりが見えなくて、ずるずると続くのは、聞いていても本当に嫌になりますので、どんな言葉でスピーチを終えるかは、あらかじめきちんと考えておきましょう。

終わり方がわからない人が一番みっともないと思います。どこで演技を終えるか、着地を決めないまま体操の競技会に出てしまったようなものです。着地のしかたを知らないと、ずっと鉄棒をぐるぐる回っていなければなりません。それでは見ているほう

もつらくなります。
最後の言葉を用意していないために、「あと、何々。あと、何々。あと……」と続いてしまう人もいます。そういうスピーチは小学生のようですから、「あと」という日本語はこの世にないと思ってください。

カーネギーは終わりの言葉を2、3用意しておくようにとアドバイスしています。

それは話の途中で話を一部割愛したり、聞き手の反応によって内容を変更することもあるからです。もし終わりの言葉のひとつが使えなくなっても、別のものがあれば対応できます。

とにかく着地さえ決めておけば、落ち着いて話しはじめることができます。これは文章を書くときも同じです。最後の文章を決めておけば、冒頭も書きやすいものです。

そして何事も終わり方がよければ、それ以前にあれこれあっても、「ああ、よかった」と思ってもらえるのです。

言おうとする要点をまとめる
――言いたいポイントを3つにしぼろう

あれもこれもとつめ込みすぎると、何が言いたかったのかよくわからないまま、話が終わってしまいます。伝えたいことはしぼったほうがいいでしょう。とくにプレゼンで、相手に伝わらないのは致命《ちめい》的です。

前述しましたが、私はつね日頃から学生には、「ポイントは3つにしぼって」と言っています。

たとえばイベント開催を呼びかけるプレゼンだとしたら、ポイントは⑴人集めの方法、⑵実際の段取り、⑶イベント終了後の波及効果について、の3つにしぼってプレゼンすれば、聞いているほうも概要がつかみやすいでしょう。

頭の中ではアップル創始者のスティーブ・ジョブズに説明するつもりで話すといいと思います。ジョブズはグズグズしているのが大嫌いで、部下の報告が要領を得ないと、かんしゃくを起こしたといいます。みなさんも「これからジョブズの前でプレゼンするのだ」と思って、思い切り要点をしぼり込み、わかりやすいスピーチを心がけましょう。

カーネギーはアイルランドのある政治家の例として、演説のさいの秘訣をこう語っています。「まず、聴衆にこれから話をするぞと予告する。それから話をする。最後に、これで話し終わったぞと教える」

たしかに話しはじめを宣言し、３つのポイントを話し、最後に「これで終わったぞ」と教えれば、ひじょうにわかりやすいスピーチになります。

行動を呼びかける
――力強い呼びかけで、世界が動くこともある

スピーチの終わりの言葉は、「何らかの行動を要請する終わり方」がいい、とカーネギーは言います。**聴衆に行動を呼びかける終わり方は、余韻を残します。それが実際の行動につながることもあるのです。**

たとえば貧しい人々にお金を貸すグラミン銀行を創設して、ノーベル平和賞を受賞したバングラデシュのムハマド・ユヌスさんの受賞記念講演は、次のような言葉でしめくくられています。

「貧しい人が貧困から抜け出すために必要なことは、環境を作ることなのです。彼らがエネルギーと創造性を開花させることができれば、貧困はたちまち消えるでしょう。すべての人間が公平にエネルギーと創造性を解き放つことができる十分な機会をすべての人に与えるために、互いに手を取り合いましょう」

話し手が行動を願い、力強い呼びかけの言葉で演説を終えると、それが人々に深い感銘を与え、行動を促すこともあるのです。

簡潔な、心からのほめ言葉
――聞き手をほめると、共感が集まる

スピーチの中で聞き手をほめると、なごやかで楽しい気分になります。しかしそれは心からのものでなくてはならないと、カーネギーは釘《くぎ》をさしています。**お世辞《せじ》やその場しのぎの言葉は、かえって逆効果を生みます。嘘っぽい言葉でスピーチを終わらせてはいけないのです。**

あの東日本大震災が起きたあと、札幌ドームで行われたプロ野球の慈善試合で、楽天イーグルスの嶋基宏《しまもとひろ》選手が行ったスピーチは人々の心に深く刻まれています。それは被災者に寄り添おうとしている人たちの思いを認め、みんなで支え合おうというものでした。その一部を紹介します。

「先日、私たちが神戸で募金活動をしたときに『前は私たちが助けられたから、今度

は私たちが助ける』と声をかけてくださった方がいました。今、日本中が東北をはじめとして、震災にあわれた方を応援し、みんなで支え合おうとしています。（略）今、スポーツの域を超えた野球の真価が問われています。

見せましょう、野球の底力を。

見せましょう、野球選手の底力を。

見せましょう、野球ファンの底力を」

このように**聞き手と一体感を持ち、共に行動しようと呼びかけると、大きな共感を集めます。**

ユーモラスな終わり方
——無理して笑いをとらずに、誠実にいくほうが無難

ちょっとしたユーモアで話をしめくくるのは、とてもおしゃれな感じがします。でもユーモラスな話でスピーチをはじめるのと同じくらい、ユーモラスな終わり方をするのも難しいと思いましょう。

ふだんからよほど面白い人でない限り、素人《しろうと》が無理に笑いをとろうとすると、ダダ

スベリになることが多いのです。

若いみなさんは、あまり策をろうせずに、誠実にスピーチを終わらせるのが無難だと思います。自分が失敗したネタで笑いをとる方法があると、前に述べましたが、スピーチの終わりに自虐《じぎゃく》ネタを持ってくるのは、ネガティブな印象を与えかねません。どうしてもそれで終わらせたいのなら、できる限りライトな味付けにしておくことをおすすめします。

言葉の引用でしめくくる
――スピーチのグレードを上げるのに役立つ

演説の上手な終わらせ方として、カーネギーは「ユーモアと詩」、と答えています。欧米の場合は、有名な詩や聖書の言葉を引用して演説を終わらせることが多いのですが、威厳と権威が加わり、理想的なスピーチになります。

たとえば、アップルの創業者スティーブ・ジョブズが行ったスタンフォード大学卒業式のスピーチで最後に言った言葉、「Stay Hungry. Stay Foolish」は世界的に有名になりましたが、あれは『全地球カタログ』という雑誌からの引用です。

彼はその本を読んだとき、その言葉にピンときて覚えておいたのでしょう。社会に出たばかりのみなさんも、本を読んだり、テレビを見たり、人の話を聞いて、「これ、使えるな」と思った言葉は、忘れないうちに書き留めておくといいでしょう。スピーチやプレゼンの終わりに、気が利いたひと言として使えます。

私はいろいろな名著から引用します。たとえば『論語《ろんご》』では3つの徳として「知《ち》・仁《じん》・勇《ゆう》」をあげていますが、これを引用して、「それではみなさん、ご一緒に。せえの、知・仁・勇」などとして終わると、会場は盛り上がります。聴衆も『論語』からひとつ知識を得て、得した気分で帰れるでしょう。

引用のメリットは、自分の話や文章に価値を与える点にあります。ほかの部分があまり面白くなくても、シェイクスピアやニーチェの言葉が入っていると、ものすごく光って、格調高くなります。

引用は「人の褌《ふんどし》で相撲をとる」イメージがありますが、そうではありません。イエス・キリストも引用をしています。「人はパンのみにて生くるにあらず」という有名な聖書の言葉は、『旧約聖書』からの引用です。

また『論語』では、孔子《こうし》は弟子たちに『詩経《しきょう》』からの引用をすすめています。

それで言えば、プラトンもソクラテスの言葉を引用していますし、すべてにおいて「引用力」は重要な力です。「引用力」を鍛えるためにも、若いみなさんはぜひたくさん本を読んで、重要なところは赤線を引っ張り、いつでも使える引用のストックを持っておいてください。

そしてスピーチやプレゼンの終わり方に困ったときは、「では最後に、誰々の言葉を引用して終わりたいと思います」と言えば、「かっこいいな」と思ってもらえます。キレのいい終わり方をすれば、スピーチ全体のグレードも上がるのです。

足の爪先が地面に触れたら
――長いスピーチは嫌われる

長いスピーチほどうんざりするものはありません。若いみなさんも、これからいろいろな場で長いスピーチを聞かされる機会が増えるかもしれません。若いうちはひたすら耐えるしかありませんが、せめて自分がスピーチをするときは、聴衆の様子に気を配り、簡潔に切り上げるよう心がけてください。

私の体感でいうと、人がスピーチに耐えられる時間は次の通りです。

30秒まで　十分耐えられる。

1分まで　面白くないなと思っても、「まあいいか」と受け止められる。
2分まで　「この話は面白くない」とはっきり断定する。
3分まで　「まだ続くのか」とうんざりする。
4分以上　怒りを感じはじめる。

カーネギーはある大学で、大勢の人がスピーチし、もう午前2時近くなっているのに、自分の番が回ってきたら、延々と45分も、どうでもいい話を大演説した医師の話を書いています。こういう人がいたら、本当に悲惨です。

私もあるパーティーで、会社の偉い人の演説があまりに長すぎて、若い社員が倒れてしまったのを見たことがあります。

長いスピーチは迷惑以外の何ものでもありません。カーネギーは友人の言葉を借りて「飽きられるのは、人気の絶頂を少しすぎた頃だからです」と言っています。飽きられるより前に打ち切るのがいいのです。

アフリカのある部族は、話し手が片足で立っていられる間だけ、話すことを許可するのだそうです。爪先《つまさき》が地面にふれたら、演説終わり。こんな規則が日本にもあったらなあ、とうらやましく思うことが私にもあります。

カーネギーのまとめ

1、スピーチの終わり方は最も工夫を要する部分である。最後に言ったことが一番長く聞き手の記憶に残る可能性があるからだ。

2、（終わるときは）ただ終わればよいのであって、終わりますなどと断る必要はない。

3、前もって終わり方を周到に計画しておこう。

4、終わり方の例。

❶話の要点をまとめたり、繰り返したり、手短に概略を述べたりする。

❷行動を起こしてくれるよう訴える。

❸聴衆を心からほめる。

❹笑わせる。

❺話の内容に相応《ふさわ》しい詩句を引用する。

❻聖書から引用する。

❼最高潮へと話を盛り上げていく。

5、上手なはじめ方と終わり方を考え、しっかりまとめておこう。

 ■3分以上話が続くと人はうんざりする。スピーチは簡潔に終わらせよう

スピーチの終わり方のポイント

- 「あと、何々」と続けるのはみっともない。「あと」という言葉はこの世にないと思おう。
- ポイントを3つにしぼり、スティーブ・ジョブズの前で話すつもりで話そう。
- 聞き手に寄り添い、心からほめると、共感を呼ぶ。
- 自虐ネタで終わらせるときは、できるだけライトに。
- 引用で終わらせるとスピーチのグレードが上がる。日頃から引用できそうな言葉は書き留めて、ストックしておこう。
- 3分以上話が続くと人は怒りを覚える。スピーチはできるだけ短く簡潔に。

第十章

わかりやすく話すには
子どもでもわかるよう、言葉は平易に。ビジュアルも駆使しよう

◆「何のために話すのか」という目的をはっきりさせる

スピーチやプレゼンには必ず「何のために」という目的があります。その目的をはき違えると大変なことになってしまいます。カーネギーは目的を間違えたために、聴衆にさんざんヤジられて、すごすごとステージを降りざるを得なかった下院議員の話を例にあげています。

その議員は、聴衆が楽しい話を求めていたのに、堅苦しい演説をはじめてしまったのです。最初の10～15分はがまんして聞いていた聴衆も、とうとうしびれを切らして、

ヤジを飛ばしはじめました。

それでも空気が読めずに、演説を続けたものですから、ついには怒号《どごう》が飛び交い、スピーチを中止せざるを得なくなったのです。自分が話し手だったと想像すると、ぞっとします。

カーネギーは話の目的について次の４つのどれかにあてはまる、と言っています。

1、何かをわからせる。
2、感銘を与えたり、納得させたりする。
3、行動を起こさせる。
4、楽しませる。

ただ「面白い話をすればいいのだろう」とタカをくくっていると、聴衆から総スカンをくらうこともあります。

みなさんもスピーチやプレゼンをするときは、自分の話は何の目的で行うのかを明確にしてから臨むようにしましょう。

たとえを用いて話をわかりやすくする
――キリストでさえ、たとえ話をしている

スピーチやプレゼンでは、数字を出すことがあります。そのとき、ただ数字を述べただけでは聞き手にうまく伝わりません。「静岡市の面積は1412平方キロメートル、人口は69万人」と言われてもピンときませんが、「静岡市の面積は東京23区全体を合わせた面積の2・3倍もあります。でも人口は23区の13分の1しかありません」と言われると、何となくイメージできます。

相手にわかりやすく伝えるには、たとえを用いるのがいいでしょう。カーネギーは2つの例を用いて、わかりやすさを比較しています。みなさんは(a)と(b)のどちらがわかりやすいでしょうか。

(a)地球に一番近い星は三十五兆マイル（約五十六兆キロ）の彼方《かなた》にあります。

(b)一分間に一マイル（約一・六キロ）の速さで走る列車が、地球に一番近い星に到着するには、四千八百万年かかります。その星で歌った歌が地球まで届くと仮定すると、私たちの耳に聞こえるまでには三百八〇万年かかります。その星までクモの糸を渡す

と、その糸は五百トンもの重さになります。

イエス・キリストに弟子がたずねました。「人々に教えを説く時、なぜたとえ話をなさるのですか」。キリストは「なぜなら、彼らは見えていても見ない。聞こえていても聞かない。また、悟りもしないからだ」と答えました。

キリストでさえ、たとえ話をしているのです。キリストでもない私たちが、聞き手**に自分の話をわかってもらおうと思ったら、あらゆる手を使って、わかりやすく説明しなければならないことがわかります。**

専門用語は避ける
――子どもでもわかるようにやさしく話す

部外の人に話すとき、専門用語や業界用語の使い方には気をつけなければなりません。みなさんの職場であたりまえのように使っている言葉も、外部の人にはまったく通じないことがあるからです。とくに専門職についている人は注意しましょう。

素人《しろうと》にとって、専門用語の羅列《られつ》は「開墾《かいこん》したばかりのトウモロコシ畑に六月の雨が降ったあとの、泥に濁《にご》ったミシシッピ川のようなもの。すっきりよくわかるとはとても言えないのです」とカーネギーは面白い表現をしています。
どうすればわかりやすくなるのかについて、カーネギーは元上院議員の助言を引用しています。

「聴衆の中の一番賢《かしこ》くなさそうな人を選んで、その人があなたの話に興味を持ってくれるように頑張ってみるのです。（略）さらにもっとよい方法は、親について来ている小さな子供に焦点を合わせることです。取り上げた問題について、あなたが聴衆に説明したことを子供でも理解して記憶し、集会が終わったあとであなたの言葉を復唱できるほどわかりやすく話そう、と自分に言い聞かせましょう」

「サルでもわかる何とか」という本がはやったことがあります。**専門的な話をするときは、「子どもでもわかるように」「小学生に説明するつもりで」と言い聞かせておくと、わかりやすいスピーチになるでしょう。**

演説の名手として知られていたリンカーンは、ひとつの考えを表現するのに3通りの言い方を考えていたそうです。それくらいの労力は払わないと、わかりやすい話はできないということです。

視覚に訴える
――動画や画像を使って、インパクトのある構成にしよう

「百聞《ひゃくぶん》は一見《いっけん》にしかず」ということわざがありますね。目から脳に通じる神経は、耳から脳への神経より何倍も太くできているそうです。ですから**私たちは耳から得た情報より、目から得た情報のほうが理解しやすいのです。**

私は将来教員になる学生に、わかりやすい授業をつくるよう指導しています。すると最近の学生はビジュアルを駆使したひじょうにわかりやすい授業をつくってきます。秀逸だったのは、次の授業の予告編をつくってきたある学生でした。織田信長をめぐる家臣たちの関係を写真やイラストで見せたあと、おどろおどろしいBGMで本能寺の変にふれ、「そのとき秀吉はどうしたか！　To be continued !」とやったのです。

その先を知っている私でさえ、続きが見たくなりました。映像を効果的に入れていくと、ひとめ見て理解できる内容がつくれます。

若いみなさんは動画や写真の処理のしかたにも慣れています。プレゼンでビジュア

ルを上手に使えば、そういうものにいっさい不慣れな年配の上司や役員の人たちに、みなさんの能力をアピールする絶好のチャンスになります。動画や画像を使って、インパクトのあるスピーチを構成してみましょう。

大事なことは別の言葉で言い換える
――くり返しが印象を深くする

「修辞上ただ一つの重要な原則は〝反復〟である」とナポレオンは言っているそうです。つまりくり返すことが大事だというわけです。

しかし**同じことをそのままくり返すと反発を招くと、カーネギーは言います。ばかにされたと思うからです。でも表現を変えて、別の言葉でくり返すなら、聞き手はそれに気づかないというのです。**カーネギーがあげるのはこんな例です。

「自分の言おうとすることを自分が理解していなければ、人に理解させることはできない」

「自分の言おうとすることが自分に鮮明にわかっていればいるほど、それを相手の頭に鮮明に送り込むことができる」

最初の文章と次の文章はまったく同じことを言い換えたにすぎません。でも聞き手にはくり返しには聞こえません。カーネギーはこのくり返しのやり方を使うだけで、スピーチの内容がよりわかりやすくなり、感銘を与えると言っています。

ただし同じくり返しでも、わかりやすいキーワードをそのままくり返すのはありだと私は思います。オバマ元大統領の「Yes, we can !」は有名だし、黒人差別と戦ったキング牧師の「I hava a dream.」も、わかりやすいシンプルなフレーズをくり返すことで、人々の心に共感をもたらしました。

リンカーンの有名な「of the people, by the people, for the people」も、「people」というワードをくり返しています。

こうしたくり返しが功を奏するポイントは、私は3つあると思います。

(1)リズムのいいフレーズであること。
(2)やさしい言葉に本質がつまっていること。
(3)くり返しはあまりしつこくしない。3回ぐらいがベスト。

スピーチやプレゼンでは、キーとなるフレーズをくり返すことで聞き手に本質を伝えることができます。

一般的な例と具体的な例を使う
――概念と具体例をセットにしよう

「要点を明確にする最も確実で簡単な方法は、一般例と具体例をあとから示すことです」とカーネギーは言います。たとえば「専門職の人の中には驚くほどの高収入を上げている人がいる」という言い方をしたとします。しかし専門職がどういう人なのか、言われたほうはよくわかりません。

そこで「弁護士や作家、俳優、歌手、プロスポーツ選手の中にはアメリカの大統領以上の高収入を得ている人がいる」という説明を加えます。これが一般例です。でもいまひとつ、曖昧《あいまい》です。さらにそこに具体例をあげてみせます。

「サミュエル・アンタマイヤーやマックス・シュトイアーのような大物の法廷専門弁護士は、年間百万ドルもの高収入を得ている。（略）作家のH・G・ウエルズは自叙伝の中で、自分のペンは三百万ドルもの収入をもたらしてくれたと告白している。（略）大女優のキャサリン・コーネルは……（以下略）」

こんなふうに具体例をあげていくと、言いたいことがはっきりします。

スピーチをするとき、私はいつも概念と具体的なイメージをセットにするよう、学生に言っています。「これからは働き方を変えるべきだ」と言っても、よくわかりません。でも具体的なイメージを一緒にそえて、「ゴミゴミした都会ではなく、自然豊かな地方に住んで、職場とはインターネットでつないで仕事をする」とか「残業はゼロにして、家族と夕食が食べられるようにし、夏期休暇は1カ月とる」などと言えば、どんな働き方かがわかります。

キング牧師は黒人と白人の差別のない世の中をつくろうという演説の中でこう言っています。

「私には夢がある。それは、いつの日かジョージア州の赤土の丘の上で、かつての奴《ど》隷《れい》の息子たちとかつての奴隷所有者の息子たちが、兄弟として同じテーブルにつくという夢である」

土ぼこりが舞うアメリカ西部のある街はずれで、黒人と白人が仲よくテーブルを囲む光景が目に浮かぶようではありませんか。

こうした具体例が、「差別のない世の中」という概念をわかりやすく聞き手に伝え、映像として心に刻んでいくのです。

野生の山羊と張り合ってはいけない
――話題をつめ込みすぎると、結局何もわからない

限られた時間で、言いたいことをぎゅうぎゅうづめにしてはいけません。「あれも言いたい」「これも言いたい」と欲張りすぎると、まるで野生の山羊が次から次へと岩を飛び移っていくように、話があちこち飛んでしまって、聞き手の心に少しも残らないのです。

「ただ通り抜けるだけなら、アメリカ自然史博物館から三十分で出てくることだって可能なのですから。でもそれでは何もわかりはしないし、楽しくもありません」とカーネギーは言っています。

何が言いたいのかわからないというスピーチが最悪のパターンですから、そうならないためには、私はポイントを最終的にはひとつにしぼるべきだと思っています。人間の頭がきちんと理解できるのは結局はひとつです。最後にもう一度要点をまとめるのもいいでしょう。

そうすれば、わかりやすく、聞きやすく、覚えやすい話ができます。

カーネギーのまとめ

1、キリストは「彼ら（聞き手）は見えていても見ない。聞こえていても聞かない。また、悟りもしない」から、たとえによって教えなければならないのだと言った。

2、キリストは聞き手が知らないことを、知っている物事にたとえることによって説教をわかりやすくした。

3、素人を相手に話す時は、専門用語を避ける。

4、自分の話したいことが、頭の中で真昼の太陽のように明確になっているかどうかをまず確かめる。

5、視覚に訴える。実物や写真を見せたり、できれば図解したりする。

6、大事なことは繰り返す。

7、抽象的な話は、あとから一般例を示してわかりやすくする。さらには具体例も挙げればいっそうよい。

8、あまり一度に多くのことに触れようとしてはいけない。

9、最後に、自分が話したことの要点を短くまとめる。

わかりやすく話すポイント

●数字を示すときは、「東京ドームの何倍」「スカイツリーを何個重ねた高さ」などわかりやすく比較できるものを持ってこよう。

●難しい言葉や専門用語は避けるかやさしく言い換え、子どもでもわかるように話す。

●得意の動画や写真のデジタル技術を駆使して、ビジュアルに訴えるものをつくろう。

●わかりやすいキーフレーズを3回くらいをめどにくり返そう。キーフレーズはリズムがあること、やさしい言葉に本質がつまっているものを用いる。

●概念と具体例を必ずセットにして話す。

●メッセージは、最終的にはひとつにしぼる。多すぎると話が散漫になる。

第十一章

聴衆に興味を起こさせる方法

人は自分自身のことしか興味がないことを頭に入れて話そう

◆ありふれているものに意外性を見つける

一見つまらない話題でも、面白おかしく話せる人がいます。それは「なじみ深いことについての耳新しい話」だとカーネギーは言います。カーネギーはイリノイ州の農民に話をするたとえを出しています。

彼らにフランスのブールジュ大聖堂や名画モナリザの話をしても、まったく興味を持たないでしょう。それはフランスの芸術の話が、イリノイ州の農民にとってはあまりにも耳新しいことだからです。

人々の興味を引くには、身近なことについてまったくの初耳の話をすることです。よくある「へえ〜」という感嘆詞がもれるような話です。

イリノイ州の農民に関していうと「オランダの農民たちは冬の間、牛を家族と同じ屋根の下で飼っているので、時々牛がレースのカーテン越しに吹雪を眺めている」という話をすれば、彼らは驚いて話に聞き入るだろう、とカーネギーは言っています。

私たちの回りで、雑学や初耳学、都市伝説がウケるのも、ふだんよく知っていることの裏側に、意外な何かがある驚きが、関心になってあらわれるからでしょう。

スピーチやプレゼンにこうした技《わざ》を使うと、聞き手はがぜん興味を示すことになります。

人間がこの世で最も関心を持つ三つのこと
――セックス、財産、宗教

誰でも一番興味を持つのはセックス、財産、宗教だとカーネギーは言います。セックスによって生命を生み出し、財産によってそれを維持し、宗教によって来世に希望をつなぐからです。

しかしここで要注意です。**私たちが興味を持つのは、あくまで自分のセックスであ**

り、自分の財産であり、自分の宗教です。他人、ましてはまったく見ず知らずの人のそれに関心を持つ人はいません。

私たちは「南米のペルーではどのように遺言状《ゆいごんじょう》をつくるか」などという話に普通は興味はありません。でも「自分の遺言状をどうつくるのか」という話なら関心があります。イギリスで最初のタブロイド紙『デイリー・メール』を創刊したノースクリフ卿はこう言っているそうです。「人間の関心を呼ぶものは自分自身だ」と。

人は仕事や家事、遊びなど何かの活動をしているとき以外は、つねに自分自身のことを考えている存在だ、とアメリカの歴史学者のロビンソン教授は言っています。

彼は「私たちにとって最大の関心事は自分たち自身以外に何もない」とその著書で述べています。「歴史に残る十人の偉人の話を聞かせてもらうよりも、自分のことで何か一言でもお世辞《せじ》を言ってもらったほうがよほどうれしい」というカーネギーの言葉にはうなずけるものがあります。

座談の名手になるには
――相手に関心を持ち、相手のことを中心にすえる

座談というのは、日常会話、雑談ととらえていいでしょう。座談が下手な人は自分

に関心のあることばかり話す。とカーネギーは言います。カーネギーの講座のある受講生はコースが終わる最後の夕食会で素晴らしいスピーチをしました。

その内容は、同じテーブルについている全員について、それぞれの進歩やスピーチの題材について感想を述べ、その特徴を少し誇張して真似して見せるものでした。みんなは大笑いし、座はおおいに盛り上がりました。

自分のことは話さず、その場に集まった人たちのことを題材に選んだスピーチは「誰だって失敗することはない」ものだったとカーネギーは語っています。

私は『雑談力が上がる話し方』という本を出しているくらいなので、つね日頃から雑談の重要性について訴えています。雑談力さえ持っていれば、初対面であっても気まずさを解消し、場の空気をなごやかにつくれます。

通常のスピーチやプレゼンと違って、雑談においては意味がある内容を話す必要はありません。目的は相手との距離を縮めることですから、最初は天気や時事ネタなど無難で中身がない話からはじめていいのです。

当然ですが、話にオチや結論も必要ありません。オチを言ったらそこで会話は終了になってしまうので、逆にオチは不要と思っていたほうがいいでしょう。

カーネギーも言っているように、雑談で自分のことばかりを話してはいけません。できるだけ相手のことを話題にする、あるいは相手になるべく話させる。割合は自分が2、相手が8くらいが理想です。そのためには相手にたくさん話してもらわないといけないので、まずは相手をほめて、いい気分にさせるのが鉄則です。ヘアスタイルでも、ネクタイでも、持ち物でも、何でもいいので目についたものをほめてみることです。**自分にしか興味がないと、相手のことはほめられません。雑談では、主人公は自分ではなく相手だと心得、相手に関心を持って、話すように心がけましょう。**

二百万人の読者を獲得したアイデア
――自分にしか関心がないことを逆手にとる

ある雑誌が驚異的に部数を伸ばした理由についてカーネギーは述べています。それはある敏腕《びんわん》編集者の目のつけどころにありました。編集者はカーネギーにこう告げたそうです。

「人間なんて自分勝手なものです」「彼らが関心を持っているのは主に自分のことばかりです。鉄道を国有化すべきかどうかということよりも、どうすれば自分が昇進できるか、どうすれば給料が上がるか、どうすればいつも健康でいられるか、といったことに関心があるのです」

要するに、敏腕編集者は読者が自分にしか関心がないことを逆手にとったわけです。「歯の手入れ法」「夏の涼しいすごし方」「職探しの方法」などといった実用的な内容が読者の支持を得たわけです。

常に関心をとらえて離さないスピーチの題材
――ありふれた人の苦労話に共感する

いつの時代も人々の関心をとらえて離さない話題があります。それはうわさ話です。抽象的な考えや事象を話題にするより、「人」そのものを話題にしたほうがスピーチは失敗しない、とカーネギーはアドバイスします。

カーネギーは学校で子どもたちを相手に話をすることもありましたが、その経験から学んだのは、子どもの注意を引きつけるには「人」を話題にしなければダメだということでした。その話も、できるだけ苦労話を盛り込んだほうがいいと言うのです。

「私たちは誰でも戦いや闘争には大いに心を引かれます」とカーネギーは言います。立ちはだかる苦難や障害にもめげず、最後には成功をつかんだという話は、子どもに限らず、誰でも感動します。しかもその主人公はスーパーマンではなく、ありふれたふつうの人がいいのです。

「要点を二つか三つにしぼって、具体的な事例を示すべきです。スピーチをそのように構成すれば、必ず聞き手の関心を引きつけ、その関心を持続させていくことができます」とカーネギーは指摘しています。

具体的に話すこと
――一般的な事実を並べるより、具体的な体験談で勝負する

一般論で話すのと、具体的に話すのとでは、話の面白さには雲泥《うんでい》の差があります。カーネギーが主宰する話し方教室に、哲学博士の大学教授とガテン系の運送業者がいました。大学教授は美しい英語と洗練された物腰で、理路整然とスピーチをしたのですが、彼の話より、荒くれタイプの運送業者の話のほうが圧倒的に面白かったのです。なぜなら運送業者の話は、具体的で生き生きとしたものだったからです。カーネギーは「面白く話す能力は、教育があるなしにかかわらず、具体的かつ明確に話すという幸せな習慣を持つ人に自然と備わるものである」と語っています。

具体的に話すことは、あらゆるスピーチ、プレゼンにおいてとても大切なことです。

カーネギーはこんな例を出して比較しています。

(a)「マルティン・ルターは少年時代『強情《ごうじょう》で手に負えない子供』だった」

(b)「マルティン・ルターが打ち明けた話だが、彼は先生に『午前中に十五回』も鞭《むち》で打たれたそうだ」

あきらかに後者のほうが具体的で、すんなり入ってきます。**一般的な事柄を並べ立てるより、具体的な事実をたくさん扱ったほうが、ずっと面白く感じます。**

私は毎年学生たちの就職活動を見ていますが、内定が何社もとれ、すんなり採用が決まるのは、自分の言葉で具体的な体験を語れる学生です。いかに成績が優秀でも、就職マニュアルにのっているような一般的なことしか話せない学生は、なかなか就職が決まりません。

「〇〇サークルでリーダーを務め、部員をまとめるのに頑張りました」ではなく、「部員の誰々の父親が亡くなって、学費が払えなくなりそうになったとき、男子全員でひと夏、ビル新築現場で砂を運んだり、コンクリートを枠に流すアルバイトをして36万円稼ぎ、仲間のピンチを救いました」というような具体例が、人の関心を引くのです。

絵を目の前に浮かび上がらせるような言葉
――文学作品を読んで語彙を増やそう

陳腐《ちんぷ》で使い古された言葉では、聞き手は退屈してしまいます。カーネギーは目の前に映像が浮かぶような言葉を使うようにと教えています。

「絵！　絵！　絵はあなたが呼吸する空気と同じように自由です。スピーチや会話の全体を通して絵を振りまきましょう。そうすればあなたの話はもっと面白く、印象深いものになることでしょう」

面白いですね。カーネギーがこれほど強調するところを見ると、やはり映像的なスピーチは聞き手に訴える力が強いのでしょう。

シェイクスピアの作品には、絵が思い浮かぶようなこうした表現が随所に見られます。カーネギーがあげているのは『ジョン王』の第4幕2場です。「不必要なことをする」ということを言うためにシェイクスピアは、

「純金に金めっきをし、ユリの花に絵の具を塗り、スミレの花にかぐわしい香水をふりかけ（後略）」（小田島雄志訳）

と表現しています。ここまで詩的な美しい表現に変えているわけです。

日本の文学作品にも、絵画的な素晴らしい表現はたくさんあります。たとえば泉鏡花《いずみきょうか》の『高野聖《こうやひじり》』の冒頭場面は、これから深い山道に入ろうとする聖の身を暗示するような風景が描写されています。

「飛騨《ひだ》から信州へ越える深山の間道で、ちょうど立休《たちやす》らおうという一本の樹立《こだち》も無い、右も左も山ばかりじゃ、手を伸ばすと達《とど》きそうな峰があると、その峰へ峰が乗り、巓《いただき》が被《かぶ》さって、飛ぶ鳥も見えず、雲の形も見えぬ。道と空の間にただ一人我ばかり、およそ正午と覚《おぼ》しい極熱《ごくねつ》の太陽の色も白いほどに冴《さ》え返った光線を、……（略）」

鳥も雲も見えないほど深い山道の光景が不気味に迫ってくるような描写です。

短い文章にも絵が浮かんでくるものがたくさんあります。松尾芭蕉《まつおばしょう》の「閑《しずか》さや岩にしみ入蝉《いるせみ》の声」という句を聞いただけで、暑い夏の日、大きな岩に雨のようにザーっと降り注ぐ蝉の鳴き声と、そして蝉の声しか聞こえてこないがゆえにあたりの静寂《せいじゃく》さがひしひしと迫ってくるようです。

もちろんこうした表現をそのままスピーチに応用はできませんが、ふだんから文学作品を読んで、文学的な表現に慣れておき、語彙《ごい》を増やしておけば、ありきたりの言葉を使わずに絵画的な表現ができるでしょう。

リンカーンが部下にいつも言っていた「一度読んだら忘れられない、目に浮かぶような言葉を使うように」という指示を、私たちも心にとめておくべきです。

関心を引きつける〝対照の妙〟
――AとBの相違点、または共通点を見せる

AとBのふたつを比較して、違いを述べたり、共通点を指摘するのは、聞き手もわかりやすいので、初心者でも失敗しないひじょうに便利なやり方です。紫式部《むらさきしきぶ》のことばかり述べても、いまひとつピンときませんが、清少納言《せいしょうなごん》と比較すると、作風や人柄の違いがはっきりとわかります。

私は耳がいまひとつなのか、クラシック音楽の違いがまったくわかりませんでした。しかし大学生のとき、評論家の吉田秀和《ひでかず》さんの本を読んで、同じ曲を違う演奏家で比較すればいいのだ、と発見します。

さっそくモーツァルトの同じピアノ曲を違うピアニストで聞いてみたのです。すると、〝耳音痴《おんち》〟の私にも、はっきりとその違いがわかりました。

AとBを並べて比較するこのやり方はあらゆることに万能です。これを上手に使っているのが政治家です。ある事柄に対して、Aの意見、Bの意見を2つ並べて見せ、Bに比べてAのメリットを強調することで、Aへと導いていくわけです。スピーチに困ったときは、「AとBを比較対照する」と覚えておけばいいでしょう。

興味は伝染する
――自分が興味を持たないものに人が興味を持つわけがない

話し方の技術をいくらマスターしたところで、話し手自身がその話に興味を持っていないと、それは必ず聞き手に伝染する、とカーネギーは言っています。

あるときカーネギーはひとりの紳士がチェサピーク湾というところに生息するカサゴについて話すのを聞いたことがあります。チェサピーク湾は地方のマイナーな湾ですし、カサゴもあまりメジャーな魚ではありません。その湾の近くに住む人か、カサゴの大ファンでない限り、はっきり言ってどうでもいい話です。

でもその紳士の熱意ある、真剣な話しぶりに、カーネギーも聴衆も引き込まれていきました。そして話が終わるころには、カサゴを法律で保護するよう州議会に請願《せいがん》するのなら、喜んで署名する気になったというのです。

これはなかなか興味深い話です。話し手が興味を持ち、最大限の熱意で話していると、たとえスピーチの内容が自分と無関係であっても、人は話し手の熱意に引っ張られるものです。反対に話し手がいかにも興味がない調子で、テンション低く話していると、聴衆は聞く気をなくします。スピーチに感動したり、興味を持つのも話し手次第だというわけです。

カーネギーのまとめ

1、私たちは平凡な事柄についての非凡な事実に興味を抱く。
2、私たちの主な関心事は自分自身だ。
3、人にその人自身のことや、その人に興味のあることについて話をさせて、熱心に耳を傾けてあげる人は、自分ではほとんど何も話をしなくても、一般に話し上手とみなされる。
4、要点を二、三にしぼり、人間味あふれる実例を示すのがよい。
5、具体的に、また、明確に話す。

6、目の前に絵を浮かび上がらせるような語句をスピーチの中にちりばめること。
7、できれば二つの対照的な文章を用いてそれぞれの考えを対比させる。
8、興味は伝染する。もし話し手が具合の悪い状態にあると、その具合の悪さは、たちまち聴衆にうつってしまう。

聴衆に興味を起こさせるポイント

●雑談の目的は相手との距離を縮めること。意味がある内容を話す必要はない。結論やオチもいらない。
●雑談の主人公は自分ではなく、相手。自分が2、相手が8の割合で話そう。
●自分の言葉で具体的な体験を語ると人を引きつける。
●名作を読んで語彙を増やし、表現力を磨こう。
●スピーチに困ったら「AとBを比較対照する」と覚えておく。

第十二章

言葉遣いを改善する

語彙力がないと、子どもっぽいと見られてもしかたない

◆人が評価されるのは語彙力である

この章は、原著では英語の使い方や言い回しについて書かれているので、日本人の私たちにあてはまる部分だけ抽出して、お伝えします。

社会に出たみなさんは、これからさまざまな場面で評価されることになります。カーネギーは世間が次の４つで人を評価すると言っています。⑴行動、⑵外観、⑶話す内容、⑷話し方です。

「しみ一つないシャツを着て、自尊心を保ち、その日に接することになる誰からも尊

敬を得ることができるような身づくろいをし」ている紳士でも、言葉遣いが間違っていると、一気に評価が下がります。

日本語でいえば、尊敬語と謙譲語がきちんと使えないとか、語彙《ごい》が足りないと、それだけできちんとした大人にみなされない危険があるのです。私は『大人の語彙力ノート』という本を出したことがありますが、そこで言いたかったのは、語彙力がないと社会人らしく見えず、そのことで損をしてしまうということです。

何か聞かれても、「マジ?」とか「ヤバい」としか言えない若者だと、話していても本当にがっかりします。スピーチやプレゼンでも言葉の浅さが出てしまうでしょう。

みなさんは大人にふさわしい言葉遣いと語彙力を身につける必要があるのです。

その点、参考になるのはリンカーン大統領です。リンカーンは生涯を通じて12カ月以上学校に行ったことはありませんでした。両親も教養ある人間ではありませんでした。しかしリンカーンが人々から感嘆されるほど言葉の才能に恵まれていたのはなぜでしょうか。

カーネギーいわく、リンカーンは「自分と知能程度が同じか、自分よりも劣る人とつきあうことで、自分の時間の全部を浪費するようなこと」はしませんでした。当代一流の知識人たちと親交を結んだのです。さらに彼は本をたくさん読んでいました。ホワイトハウスにいたころも、詩集をベッドサイドに置いておき、感動的な詩をみつけると、夜中でも寝巻にスリッパ姿で寝室から出てきて、秘書に朗読してみせたそうです。またリンカーンは弁護士として成功したいと願う若者に、次のように書いています。「方法はただ一つ、よい本を何冊か手に入れ、それを読んで念入りに研究することです」

カーネギーは〝よい本〟として『聖書』とシェイクスピアをすすめています。私は漢語と大和《やまと》言葉を増やすために『論語《ろんご》』『万葉集《まんようしゅう》』『たけくらべ』などの古典をおすすめします。

くだらないつきあいはやめて、その時間を読書にあて、語彙力を増やしてください。そうすれば、みなさんの言葉遣いや表現力は豊かになり、説得力のあるスピーチの原稿もつくれるようになるでしょう。

言葉の使い方についてのマーク・トウェインの秘訣
――一日一語、新しい言葉を

『トム・ソーヤーの冒険』を書いたマーク・トウェインはどこに行くにも『ウェブス

ター大辞典』を手放さなかったそうです。彼は駅馬車で旅をしていたので、余分な荷物はいっさい乗せられなかったのですが、辞書だけは肌身離さず持ち歩き、言葉の勉強を続けました。その努力が彼を世界的な大作家として成功させたのでした。

カーネギーの受講生の中に、文章がしっかりして、言葉遣いの美しい人がいました。彼が豊富な語彙力を持てたのは、ふだんから会話や本で知らない言葉を見つけると、必ずメモして、その日のうちに辞書を引き、意味を調べていたからでした。

知らない言葉がなかった日は、同義語、反義語などを集めた辞書を丹念に読んでいたそうです。**その人のモットーは「一日に一語、新しい言葉を」でした。覚えた言葉を手帳に書き留め、次の日、3度使えば自分の語彙として永久に身につく、**と彼は語っていたそうです。

1日1語だと1年で365語になります。それを何年もくり返したら、ばくだいな語彙力が身につきます。この差が大きいのです。若いみなさんはぜひこのことを心にとめ、小さな努力を重ねてください。そうすればそれがのちに大きな財産となって返ってくるでしょう。

使い古された言いまわしを避ける
――表現に独創性がないと考え方も硬直している

ある雑誌の編集者がカーネギーにこんなことを言ったそうです。

「出版してほしいと持ち込まれた小説の中に、陳腐《ちんぷ》な言いまわしが二つか三つ見つかると、その先を読んで時間を無駄にするより、すぐさま著者に送り返すことにしている。なぜなら、表現に独創性のない人は、考え方にも独創性がほとんどないからだ」

何とも辛辣《しんらつ》な意見ですね。たしかにスピーチでも、**使い古された言葉を聞いているとうんざりすることがあります。でも独創的な表現があると、「おっ」と興味を引きます。**

社会に出たばかりのみなさんは、まだフレッシュな感性を持ち合わせているのです。おそれずに、若さを活かして、斬新で、あっと驚くような表現を使ってみましょう。

カーネギーのまとめ

1、私たちはたった四つの接点で人と触れ合っている。私たちはこの四つの点、つまり私たちの行動、外観、話す内容、話し方によって評価され、類別される。

2、どんな人とつきあうかによって、あなたの言葉遣いは大きく違ってくる。だから、リンカーンを見習い、優れた文学作品に親しむようにしよう。
3、新聞を読むことを完全にやめなくてもよいから、今の半分の時間で読んでしまおう。こうして節約した時間を不朽《ふきゅう》の名作を読むことにあてよう。
4、本を読む時は辞書をかたわらに置いておこう。
5、陳腐なたとえを使わない。もっと新鮮な味を出すよう努力しよう。あなた独自のたとえをつくり出すのだ。勇気を持って自分の個性を打ち出そう。

言葉遣いを改善するポイント

- 語彙力がないと一人前の大人としてみなされない。
- 「マジ」「ヤバい」「ウケる」などの若者言葉は使わない。
- SNSに費やす時間を少なくして、その時間を読書に回す。
- 独創的な表現を考えよう。
- 語彙を増やすため『論語』『万葉集』などの古典を読んでおこう。

おわりに

「スピーチ」という英語を「演説」として翻訳したのは、慶応義塾大学を創設した福《ふく》澤《ざわ》諭《ゆ》吉《きち》でした。「演説」という言葉はもともと日本にもあったものですが、その文化はほとんどありませんでした。日本におけるスピーチの例を探していっても、「これは」と言えるものがありません。

あれこれ探していくと、ようやく鎌倉時代、源《みなもとの》頼朝《よりとも》の妻・北条政子《ほうじょうまさこ》が武士たちに飛ばした檄《げき》にたどりつくぐらいです。政子は、頼朝が亡くなったあと、朝廷と対立することをおそれる武士たちに、「源頼朝の恩を忘れるな」と演説します。その演説があまりに見事だったので、武士たちが戦う決意をするというものです。

そこまでさかのぼらないと演説が見当たらないくらい、日本には演説の文化がありませんでした。大勢の人の前で話す技術など、日本人はほとんど持ち合わせていなかったのです。

これではいけない、と福澤諭吉は『学問のすすめ』で演説の大切さを説き、スピーチの練習をすすめています。慶応義塾の中にわざわざ「演説館」という建物をつくり、学生たちに演説の練習をさせていたほどです。

それから100年以上たったのに、日本人はスピーチが上手になったのかといわれると、微妙な状態です。

スピーチに関してはまだ個人差が大きいのが現状でしょう。上手な人は上手に話しますが、そうでない人はせっかく素晴らしい話の内容なのに、それを伝えることができません。緊張して、うまく整理して話せないとか、挙動不審《きょどうふしん》になってしまいます。

それを克服するには、一に練習、二に練習につきます。ただ日本では学校も含めて、あまりにスピーチを練習する機会がありません。だから自分で意識的に行うしかないのです。

この本はカーネギーの話し方教室でのテキストからまとめられたものですから、ひじょうに実践的です。ぜひ有効に使っていただければと思います。

齋藤孝（さいとう　たかし）

1960年静岡県生まれ。明治大学文学部教授。東京大学法学部卒。専門は教育学、身体論、コミュニケーション論。『身体感覚を取り戻す』（NHK出版）で新潮学芸賞受賞。『声に出して読みたい日本語』（草思社）で毎日出版文化賞特別賞を受賞。同シリーズは260万部のベストセラーになり、日本語ブームを巻き起こした。主な著書に『読書力』『コミュニケーション力』（以上、岩波書店）、『語彙力こそが教養である』（KADOKAWA）、『大人の語彙力ノート』（SBクリエイティブ）、『50歳からの名著入門』（海竜社）、『55歳からの時間管理術「折り返し後」の生き方のコツ』（NHK出版）等がある。著書累計発行部数は1000万部を超える。TBSテレビ「新・情報7daysニュースキャスター」、日本テレビ「世界一受けたい授業」等テレビ出演も多数。NHK Eテレ「にほんごであそぼ」総合指導。

22歳《さい》からの社会人《しゃかいじん》になる教室《きょうしつ》③

齋藤孝《さいとうたかし》が読《よ》む カーネギー『話《はな》し方入門《かたにゅうもん》』

2019年7月10日　第1版第1刷発行

著　　者　齋藤孝
発 行 者　矢部敬一
発 行 所　株式会社 創元社
〈本　　社〉〒541-0047　大阪市中央区淡路町4-3-6
電話06-6231-9010㈹
〈東京支店〉〒101-0051　東京都千代田区神田神保町1-2 田辺ビル
電話03-6811-0662㈹
〈ホームページ〉https://www.sogensha.co.jp/

企画・編集　書籍情報社
編集協力　辻由美子
ブックデザイン　上野かおる　中島佳那子
印　　刷　図書印刷

ISBN978-4-422-10125-5 C0311

22歳からの社会人になる教室①

齋藤孝が読む カーネギー『人を動かす』

齋藤孝　著
四六判・並製・192頁
定価（本体1400円＋税）

22歳からの社会人になる教室②

齋藤孝が読む カーネギー『道は開ける』

齋藤孝　著
四六判・並製・192頁
定価（本体1400円＋税）